¡Que aproveche!

Kochen auf Spanisch

Sprachtraining und Rezepte

Elena Martínez Muñoz

compa

Bisher sind in dieser Reihe erschienen:

- Backen auf Englisch
- Backen auf Französisch
- Backen auf Italienisch
- Backen auf Spanisch

- Kochen auf Deutsch
- Kochen auf Englisch
- Kochen auf Französisch
- Kochen auf Italienisch
- Kochen auf Spanisch

Bildnachweis
fotolia: Artenauta (Kochlöffel); lynea 8, Yevgeniya Shal 35; colorlife 61, 76
istock: Syldavia 19, 73 (Mitte), 75; hemorton 37 (Mitte); jeangill 43; FerhatMatt 51; robynmac 55; Ju-lee 37 (oben), 71; nicolebranan 73 (oben), 79; yula 73 (unten), 83
shutterstock: monkeybusinessimages 5 (oben), 7; shebeko 5 (unten links), 11; sarsmis 25 (oben), 27; bonchan 25 (unten), 35; Patty Orly 25 (Mitte), 31; marco mayer 37 (unten links), 59; Ildi Papp 63; REDAV 67
stockfood: Imagerie 5 (unten rechts), 15; Bouchet, Guy 5 (Mitte), 23; Camarasaltas, Salvador 37 (unten rechts), 47

Baierbrunner Straße 27, 81379 München
Ausgabe 2017
5. Auflage

Redaktion: Kerstin Nußhart
Fachkorrektur: Berta Villarino Cirici
Produktion: Ute Hausleiter
Titelabbildung: istock, hemorton
Abbildungen Rückseite: shutterstock, sarsmis (oben);
istock, Ju-lee (Mitte); Syldavia (unten)
Gestaltung: X-Design, München
Umschlaggestaltung: X-Design, München; Hartmut Baier

ISBN 978-3-8174-9217-6
381749217/5

www.compactverlag.de

Vorwort

¡Que aproveche! Kochen auf Spanisch ist Rezeptsammlung und Sprachtraining in einem: 20 bekannte spanische Gerichte zum Nachkochen sowie zahlreiche Übungen laden Sie dazu ein, mit Spaß und Genuss Ihre Sprachkenntnisse aufzufrischen.

Die mediterrane Küche Spaniens bietet für jeden Geschmack eine große Auswahl: Von den vielfältigen Tapas wie den *Gambas al ajillo* oder dem *Ensaladilla rusa* über schmackhafte Hauptgerichte wie der *Paella* oder der *Tortilla de patatas* bis zu exquisiten Nachspeisen. Spanisches Essen ist einfach zuzubereiten, sieht köstlich aus und schmeckt hervorragend.

Im Anschluss an jedes Rezept können Sie anhand von abwechslungsreichen Sprachübungen Ihre Spanischkenntnisse mühelos vertiefen. Unbekanntes Vokabular wird direkt auf der Rezeptseite übersetzt und kann so auf einen Blick erfasst werden. Zusätzlich bieten Ihnen Infokästen kreative Zubereitungsvarianten oder Wissenswertes zu Sprache und Landeskunde. Am Ende des Buches finden Sie ein alphabetisches Glossar, in dem Sie alle Vokabeln noch einmal nachschlagen können, sowie die Lösungen zu den Übungen.

Viel Spaß beim Kochen auf Spanisch!

¡Que aproveche!

Índice

Tapas — 5

Gambas al ajillo ... 6
Ensaladilla rusa ... 10
Boquerones en vinagre ... 14
Croquetas de jamón ... 18
Surtido de embutidos ibéricos ... 22

Entrantes — 25

Gazpacho andaluz ... 26
Almejas a la marinera ... 30
Sopa castellana ... 34

Platos principales — 37

Paella ... 38
Tortilla de patatas ... 42
Cocido madrileño ... 46
Calamares fritos ... 50
Cordero al horno ... 54
Albóndigas en salsa ... 58
Ceviche peruano ... 62
Arepas venezolanas ... 66
Quesadillas mexicanas ... 70

Postres — 73

Turrón ... 74
Flan de huevo ... 78
Churros ... 82

Apéndice — 85

Soluciones ... 86
Glosario ... 92

Tapas

Die weit über die spanischen Landesgrenzen hinaus bekannten *tapas*, kleine warme oder kalte Häppchen, werden meist zu einem Glas Bier oder Wein gereicht. Um die Entstehung des Namens *tapa*, zu Deutsch „Deckel“, ranken sich viele Legenden. Vorstellbar ist, dass früher Weißbrotscheiben gegen die lästigen Fliegen als Abdeckung auf die Gläser gelegt wurden. Mit der Zeit hat man sich kreativere, essbare „Deckel“ einfallen lassen, aus denen die heutigen *tapas* entstanden sein könnten.

Gambas al ajillo

Die *gambas al ajillo* sind eine bekannte spanische Tapa, deren Zubereitung sehr einfach ist! Das beste Resultat erzielt man mit frischen Garnelen, notfalls können aber auch tiefgefrorene verwendet werden. In Spanien verarbeitet man häufig die weißen Gambas *(gamba blanca)* aus Huelva für dieses Gericht.

Preparación: 15 minutos **Cocción:** 5 minutos **Para 2 personas**

Ingredientes:

- ½ kg de gambas blancas u otras gambas frescas
- 2–4 dientes de ajo
- 1 guindilla
- 6 cucharadas soperas de aceite de oliva
- perejil picado
- sal

¿SABÍA QUE...

...se dice que la salsita de las gambas al ajillo está para chuparse los dedos? Lo mejor de esta receta es mojar pan en la salsa de las gambas, lo que se conoce como mojar sopas. Ya verá, al mojar sopas tan ricas, terminará por chuparse los dedos. ¡Pruebe y disfrute!

1 Se lavan las gambas, se pelan y se quitan las cabezas. Si se ha optado por gambas congeladas, se deben descongelar muy bien para que no suelten agua.

2 Se cortan los ajos en láminas muy finas.

3 Se pone a calentar el aceite preferiblemente en una cazuela de barro o, en su defecto, en una sartén y se echa el ajo. El fuego debe estar bajo.

4 Cuando empieza a dorarse el ajo (2 o 3 minutos), se pone la guindilla y, a continuación, se añaden las gambas y se echa un poco de sal.

5 Se dejan en el fuego 3 o 4 minutos hasta que las gambas cambien un poco de color. Es importante que no se hagan demasiado para que no se queden chiclosas.

6 Por último, se espolvorea el perejil picado y se tapa la cazuela o la sartén para que no se enfríen las gambas. Se sirven inmediatamente y se acompañan con pan.

7 Variante: es importante que los ajos no se quemen, por esta razón se pueden retirar los ajos de la sartén cuando empiecen a dorarse y volver a incorporarlos cuando las gambas adquieran un poco de color.

adquirir *irr* color	Farbe bekommen
cazuela *f* de barro	Schmortopf aus Ton
chicloso	gummiartig
cucharada *f* sopera	Esslöffel
descongelar	auftauen
diente *m* de ajo	Knoblauchzehe
dorarse	braun werden
en su defecto	bei Nichtvorhandensein
espolvorear	bestäuben
gambas *f pl* blancas	weiße Garnelen
guindilla *f*	getrocknete, rote Chilischote
hacerse *irr* demasiado	zu stark durchkochen
incorporar	*hier:* dazugeben
lámina *f*	Scheibe
optar por algo	sich für etw. entscheiden
perejil *m* picado	gehackte Petersilie
retirar	*hier:* herausnehmen
tapar	abdecken

Ejercicio 1:

Palabra escondida. Übersetzen Sie und enträtseln Sie das Lösungswort!

1. Topf (mit Stiel)  ☐ _ _ _

2. Kochtopf ☐ _ _ _ 

3. Messer  ☐ _ _ _ _ _ _ _

4. Mixer _ _ _ ☐ _ _ _ _ 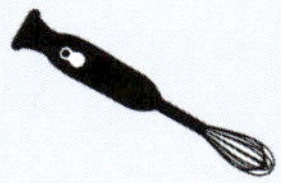

5. Salatschüssel  _ ☐ _ _ _ _ _ _ _ _

6. Löffel  _ _ _ _ ☐ _ _

7. Pfanne _ _ ☐ _ _ _ 

Lösung: ☐ ☐ ☐ ☐ ☐ ☐ ☐

Ejercicio 2:

Futuro y condicional. Setzen Sie die folgenden Verben in die 3. Person Singular Futur und Konditional!

Beispiel: batir *batirá, batiría*

1. pelar ....

2. cortar ....

3. espolvorear ....

4. servir ....

5. poner (a calentar) ....

6. hacerse ....

7. acompañar ....

8. adquirir ....

Ejercicio 3:

Preposiciones. Ergänzen Sie die fehlenden Präpositionen!

por **en (×2)** **a (×2)** **con** **hasta**

Se cortan los ajos **1.** .... láminas muy finas. Si se opta **2.** .... gambas congeladas, se tienen que descongelar muy bien.

Se pone **3.** .... calentar el aceite en una sartén y se fríen los ajos. Cuando empieza **4.** .... dorarse el ajo, se añaden la guindilla y las gambas.

Se dejan las gambas **5.** .... el fuego **6.** .... que cambien de color.

Se acompañan **7.** .... pan.

Ejercicio 4:

Traducción. Übersetzen Sie folgende Sätze!

1. Man lässt die Garnelen auf dem Herd, bis sie beginnen Farbe zu bekommen.

....

....

2. Die Hitze muss klein sein, damit der Knoblauch nicht verbrennt.

....

....

3. Wenn Sie sich für tiefgefrorene Garnelen entschieden haben, müssen Sie diese gut auftauen.

....

....

Ensaladilla rusa

Der *ensaladilla rusa* (Russischer Salat) stammt aus dem 19. Jahrhundert und ist eine Erfindung des französischen Chefkochs Lucien Olivier, der ein Spezialitätenrestaurant in Moskau betrieb. Da er sein Rezept stets geheimgehalten hat, gibt es heutzutage viele unterschiedliche Varianten der *ensaladilla*.

Preparación: 30-40 minutos **Cocción:** 15 minutos **Para 4 personas**

Ingredientes:

- 1 kg de patatas
- 2 zanahorias
- 3 huevos
- 150 g de guisantes cocidos
- 2 latas de atún en aceite
- ½ l de mayonesa
- sal

Para decorar:

- aceitunas verdes
- pimiento morrón (en conserva)

1 Lavar y pelar las patatas y las zanahorias.

2 Cocer las patatas y las zanahorias en una olla grande con un poco de sal. Paralelamente, cocer los huevos en un cazo pequeño. Antes de retirar las patatas, probar si están bien cocidas.

3 Poner los huevos bajo el chorro de agua del grifo y quitarles la cáscara. Separar las claras de las yemas y reservar una o dos yemas para decorar. Picar los huevos y ponerlos en la ensaladera donde vayan a mezclarse todos los ingredientes.

4 Cortar las patatas y las zanahorias en cuadraditos. Quitarle el aceite al atún y ponerlo en la ensaladera, añadir también las patatas, las zanahorias y los guisantes cocidos o en conserva.

5 Por último, añadir la mayonesa y un poco de sal, mezclarlo todo bien y darle la forma que se prefiera. Cuando esté todo mezclado, se puede cubrir con una capa adicional de mayonesa para darle consistencia. Para decorar la ensaladilla, se ralla la yema y se espolvorea por encima. También se pueden añadir unas aceitunas y unas tiras de pimiento morrón sobre la mayonesa.

capa *f* **adicional**	zusätzliche Schicht	**pimiento** *m* **morrón (en conserva)**	eingelegte Paprika-schote
cazo *m*	Kochtopf	**quitar la cáscara**	die Schale entfernen
clara *f*	*hier:* Eiweiß	**rallar**	reiben
cuadraditos *m pl*	kleine Würfel	**reservar**	zur Seite legen
espolvorear	bestäuben	**retirar**	*hier:* herausnehmen
grifo *m*	Wasserhahn	**tira** *f*	Streifen
guisantes *m pl*	Erbsen	**yema** *f*	Eigelb
picar	hacken		

Ejercicio 1:

Frases. Bringen Sie die Wörter in die richtige Reihenfolge!

1. ¿Por te esta qué gusta no variante?

....

2. pueden añadir para aceitunas acompañar Se

....

3. en patatas olla con una Cocer las sal

....

4. hace tiempo que ¿Cuánto ensaladilla? comes no

....

5. tan ¿Qué esta rica? receta ingredientes lleva

....

Ejercicio 2:

Comparativos de superioridad. Bilden Sie die richtigen Steigerungsformen!

Beispiel: amable *más amable*

1. bonito ....

2. fresco ....

3. pequeño (de menos edad) ....

4. malo/mal ....

5. alto ....

6. bueno/bien ....

Ejercicio 3:

Vocabulario. Bringen Sie die Buchstaben in die richtige Reihenfolge!

1. h f c a a r ....
2. c r o e d a r ....
3. e p l o s r e a r v o ....
4. a r r r e i t ....
5. e z m a r c l ....
6. e r s e r a r v ....

Ejercicio 4:

Pronombres. Ersetzen Sie die unterstrichenen Wörter durch die entsprechenden Pronomen!

Beispiel: He comprado <u>las verduras</u> en el mercado.

Las he comprado en el mercado.

1. He pagado <u>la compra</u> con tarjeta.

   ....

2. Me gustan más <u>las manzanas</u> rojas que <u>las manzanas</u> verdes.

   ....

3. No sé <u>qué pasó en el restaurante</u>.

   ....

4. José, ¿te compro <u>esas gambas</u>?

   ....

5. ¿Has invitado <u>a María</u> a comer?

   ....

Boquerones en vinagre

Die *boquerones en vinagre* ist eine spanische Fisch-Tapa, die sehr leicht und frisch und daher ideal für den Sommer geeignet ist. Sie wird beispielsweise sehr häufig in den Barterrassen Spaniens gegessen. Dazu passt wunderbar ein kaltes Bier.

Preparación: 3 días **Para 2 personas**

Ingredientes:

- 500 g de boquerones frescos medianos
- 2 cucharadas grandes de sal gorda
- ½ l de vinagre
- 2 dientes de ajo
- perejil
- aceite de oliva

1 Se limpian bien los boquerones con agua muy fría; se les quita la cabeza, las vísceras y la espina central. Hay que lavarlos muy bien para que no queden restos de sangre o vísceras.

2 Se dejan escurrir o se secan con un paño limpio.

3 Se colocan los boquerones en un recipiente y se meten en el congelador no más de 48 horas para que no pierdan textura.

4 Se sacan los boquerones del congelador. Una vez descongelados, se colocan en una fuente plana, donde se añaden el vinagre (la cantidad necesaria para que los boquerones queden cubiertos) y las dos cucharadas de sal gorda.

5 A continuación, se dejan macerar los boquerones en el frigorífico unas 24 horas aproximadamente (en ningún caso, menos de 8). Durante este tiempo, adquirirán un color blanco que muestra que ya están listos.

6 Antes de servir los boquerones, se espolvorean por encima el perejil y el ajo picados y se echa un chorreoncito de aceite de oliva. Pueden servirse acompañados de patatas fritas y aceitunas.

adquirir *irr* color	Farbe bekommen	espolvorear	bestäuben
boquerón *m*	Sardelle	fuente *f* plana	Platte
chorreoncito	kleiner Schuss	macerar	*hier:* einlegen
congelador *m*	Gefrierfach	paño *m*	Tuch
descongelar	auftauen	perejil *m*	Petersilie
escurrir	abtropfen	recipiente *m*	Gefäß
espina *f* central	Gräte	sal *f* gorda	grobkörniges Salz
		vísceras *f pl*	Innereien

Ejercicio 1:

La receta. Bringen Sie das Rezept in die richtige Reihenfolge!

a) - Por último se aliñan.

b) - Se escurren y se colocan en una fuente.

c) - Después se congelan.

d) - Primero se limpian los boquerones.

e) - Luego se descongelan poco a poco.

f) - A continuación, se maceran durante un día entero.

1	2	3	4	5	6

Ejercicio 2:

Gramática y ortografía. Korrigieren Sie die sechs Fehler im folgenden Absatz!

Tres amigas están en el supermercado y comentan:
- Creo que el secreto de los boquerones es comprarlos muy frescos y limpiarlos corectamente.
- ¿Por qué no comemos boquerones, en vec de anchoas?
- Yo prefiero ir de comer a un restaurante. Se que es más caro, pero no tengo ganas de cocinar...
- A mí me parece bien, ¿y a tí, Ana?
- Vale, pero vamos de tapas, que es más barato. ¡Conoco un bar, donde se hacen las mejores tapas del mundo!

1. .... 4. ....

2. .... 5. ....

3. .... 6. ....

Ejercicio 3:

Gerundio. Bilden Sie die richtigen Gerundium-Formen!

Beispiel: comer ... *comiendo* ...

1. descongelar ....
2. decir ....
3. adquirir ....
4. leer ....
5. escurrir ....
6. dormir ....

Ejercicio 4:

Imperfecto, indefinido y pretérito perfecto. Unterstreichen Sie die passende Verbform!

1. Cuando estaba / estuvo en el supermercado, Ana no sabía qué comprar y cuando llegó / llegaba a casa solo tenía huevos en el frigorífico. Al final, se hizo una tortilla.
2. Hoy comimos / hemos comido paella, y vosotros, al final, ¿qué habéis comido / comisteis ayer?
3. Hoy hemos hecho / hacíamos la compra en el mercado porque han tenido / tenían verdura y fruta muy fresca, pero normalmente la hacemos en el supermercado.
4. ¡Qué desastre! He ido esta mañana a la carnicería y no había / hubo ni pollo ni ternera! ¡Al final he tenido que comprar pescado!
5. Ayer se me olvidó / ha olvidado comprar los huevos, por eso, no he podido hacer la tortilla a mediodía...

Croquetas de jamón

Die *croquetas* sind ein traditionelles Gericht in ganz Spanien. Man macht häufig große Mengen des Teiges, sodass ein Teil fürs nächste Mal eingefroren werden kann. Man isst die *croquetas* als Tapa oder mittags zu einem Salat.

Preparación: 3 horas **Para 6 personas**

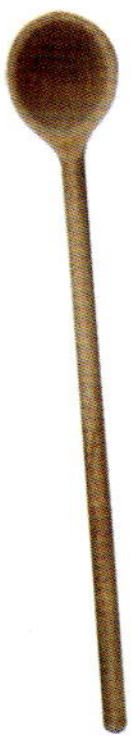

Ingredientes:

- 3 o 4 cucharadas soperas de harina
- ¾ l de leche
- 2 huevos (batidos)
- 150 g de jamón serrano, cortado en trocitos pequeños
- pan rallado
- 1l de aceite
- sal
- nuez moscada

¿SABÍA QUE...

...las croquetas se pueden hacer con muchos rellenos diferentes? Las de jamón son las más tradicionales, pero también se pueden hacer con pollo asado, bacalao, marisco, espinacas y piñones, jamón de york y queso... ¡Solo hay que sustituir el jamón por otro relleno! ¡Anímese y pruébelas todas!

1 Para hacer la bechamel, se ponen a calentar dos cucharadas soperas de aceite en una sartén y se dora la cebolla picada a fuego medio. Después, se añade la harina y se tuesta un poco.

2 Entonces, se va añadiendo la leche poco a poco y se mueve la masa con una cuchara de palo hasta que quede más bien espesa y consistente. Es importante no dejar de mover la masa, para que no se formen grumos y para que no se pegue a la sartén.

3 A continuación, se añade el jamón, un poco de sal y un poco de nuez moscada, y se remueve todo bien. Se echa la masa en una fuente plana y se deja enfriar unas dos horas.

4 Para hacer cada croqueta, se coge un poco de masa con dos cucharas soperas y se forman las croquetas con el tamaño que se desee. Finalmente, se moldean con las manos para que queden mejor.

5 Una vez formadas las croquetas, se ponen los huevos batidos en un plato hondo y el pan rallado en un plato llano pequeño. Se pasa cada croqueta, primero ligeramente por el pan rallado, después por el huevo y luego por el pan rallado otra vez.

6 Por último, se fríen las croquetas por tandas en una sartén con la cantidad de aceite necesaria para cubrirlas hasta que estén doradas.

bechamel *f*	Béchamelsoße
cubrir	bedecken
cuchara *f* **de palo**	Holzlöffel
cuchara *f* **sopera**	Esslöffel (Besteck)
cucharada *f* **sopera**	Esslöffel (Menge)
dorar a fuego medio	bei mittlerer Hitze bräunen
espeso	*hier:* dick
fuente *f* **plana**	Platte
grumos *m pl*	Klumpen
huevo *m* **batido**	geschlagenes Ei
moldear	formen
nuez *f* **moscada**	Muskatnuss
pan *m* **rallado**	Semmelbrösel
pasar por	wenden
pegarse	*hier:* anbrennen
plato *m* **hondo**	tiefer Teller, Suppenteller
plato *m* **llano**	flacher Teller
por tandas	nach und nach
tamaño *m*	Größe
tostar *irr*	anrösten

Ejercicio 1:

Frases. Bringen Sie die Wörter in die richtige Reihenfolge!

1. fácil Es un muy plato hacer de

   ....

2. seguir para hay pasos ¿Qué cocinar receta? esta que

   ....

3. las croquetas? de la ¿Me receta das

   ....

4. reservar quieren hora qué la mesa? ¿Para

   ....

5. está el ¿Dónde supermercado cercano? más

   ....

6. frigorífico ¿Queda el que leche o comprar? hay en

   ....

Ejercicio 2:

Ser y estar. Unterstreichen Sie die richtige Variante!

1. Tenía que haber usado servilletas de papel, las croquetas son / están demasiado aceitosas.
2. ¿Crees que la cocina española es / está más sana que la alemana?
3. ¿Cómo es / está la comida hoy? -Está / es buena, pero peor que otros días.
4. ¿Sabes dónde está / es el mercado de Navidad de Baviera?
5. ¡Este helado no es / está de chocolate! ¡ Es / está de turrón!

Ejercicio 3:

Comprensión. Beantworten Sie die Fragen zum Text!

1. ¿Con qué se dora la cebolla al hacer la bechamel?

   ....

2. ¿Qué cantidad de aceite se necesita para freír la masa de las croquetas?

   ....

3. ¿Las croquetas se hacen siempre con jamón?

   ....

4. ¿Para qué se moldean las croquetas con las manos?

   ....

5. ¿En qué ocasiones se comen las croquetas?

   ....

Ejercicio 4:

Comprensión. Welcher Satz ist korrekt? Kreuzen Sie an!

1. a) Se mueve bien la masa hasta que quede más bien espesa. ❑
   b) Se mueve bien la masa hasta que quede mejor espesa. ❑
2. a) Se pone el huevo batido en un plato llano. ❑
   b) Se pone el huevo batido en un plato hondo. ❑
3. a) La masa de las croquetas se pasa para el pan rallado y el huevo. ❑
   b) La masa de las croquetas se pasa por el pan rallado y el huevo. ❑
4. a) Se tuesta la cebolla y se dora la harina. ❑
   b) Se dora la cebolla y se tuesta la harina. ❑
5. a) Se añade poca sal a la masa porque el jamón ya es salado. ❑
   b) Se añade poca sal a la masa porque el jamón ya es soso. ❑

Surtido de embutidos ibéricos

Das *surtido de embutidos ibéricos* ist ein Klassiker der spanischen Küche. Es besteht meist aus einer Platte mit Schinken, Lende, Paprikawurst und Manchego-Käse. Häufig wird es als Tapa zu einem kalten Bier oder Rotwein serviert.
Der Zusatz *ibérico* bedeutet, dass das Fleisch für die Wurstzubereitung von den Schweinen der Rasse *ibérico* stammt, die für allerhöchste Fleischqualität stehen. Von Feinschmeckern besonders geschätzt wird der *Jamón Ibérico de Bellota,* für den die Schweine traditionell mit Eicheln gefüttert werden.

Preparación: 15 minutos **Para 4 personas**

Ingredientes:

- 100 g de jamón ibérico o serrano
- 100 g de **lomo** ibérico
- 100 g de **salchichón** ibérico
- 100 g de **chorizo** ibérico
- 100 g de queso manchego
- aceite de oliva
- **rebanadas** de pan blanco
- aceitunas (opcional)
- **paté de hígado** (opcional)

1 Puede presentar el **surtido** de **embutidos** ibéricos tanto en una **fuente plana** como un **plato llano** grande o pequeño, dependiendo de los **comensales**.

2 Saque los embutidos del frigorífico unos minutos antes de servirlos para que estén a **temperatura ambiente**, **conservando** así todo su aroma y su sabor. Mientras tanto, tueste algunas rebanadas de pan.

3 Coloque los embutidos en **lonchas** en la fuente o plato y sirva las rebanadas de pan aparte. Recuerde que la presentación es muy importante.

4 Si lo desea, puede **rociar** el queso con un poco de aceite de oliva para darle más sabor.

5 Consejo: el surtido de ibéricos **combina** muy bien con unas aceitunas o con unas tostadas de paté de hígado.

¿SABÍA QUE...

...el queso manchego es conocido en todo el mundo por su exquisito sabor? Se denomina queso manchego al elaborado a partir de leche de ovejas de raza manchega, con un periodo de maduración mínimo de sesenta días. El Manchego auténtico se elabora en la comarca natural de La Mancha, situada en la comunidad autónoma Castilla-La Mancha.

chorizo *m*	Paprikawurst
combinar	passen, kombinieren
comensal *m/f*	Gast
conservar	(auf-)bewahren
embutido *m*	Wurstware
fuente *f* **plana**	Platte
lomo *m*	Lende
loncha *f*	Scheibe
paté *m* **de hígado**	Leberpastete
plato *m* **llano**	flacher Teller
rebanada *f*	Brotscheibe
rociar	*hier:* beträufeln
salchichón *m*	salamiähnliche Wurst
surtido *m*	Sortiment, Warenauswahl
temperatura *f* **ambiente**	Zimmertemperatur

Ejercicio 1:

Crucigrama. Lösen Sie das Kreuzworträtsel!

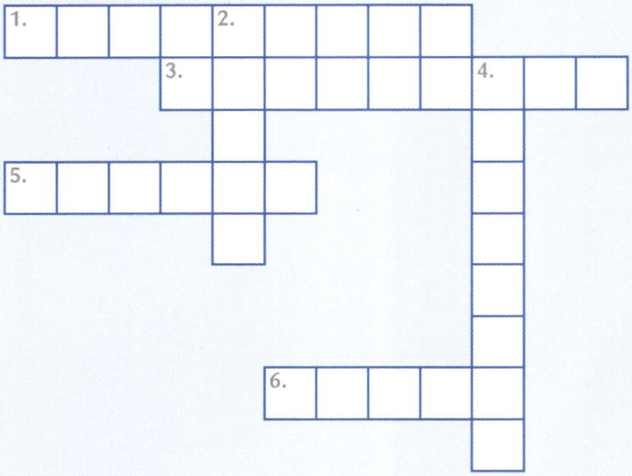

Horizontales:

1. Jamón, lomo, salchichón son ...
3. „Wurst" en español.
5. Manzanas, peras, ciruelas, melocotones son...
6. Olor agradable.

Verticales:

2. Pequeñas porciones de comida que se toman en los bares en España.
4. Cada una de las personas que comen en una misma mesa.

Ejercicio 2:

Verbos para expresar hábitos. Lesen Sie den Text und setzen Sie die korrekte Verbform ein!

Tengo una vida muy normal: por la mañana me **1.** despertar .... sobre las ocho, pero no consigo **2.** levantarse .... hasta las ocho y media. Después **3.** ducharse .... , **4.** desayunar .... y **5.** leer .... un poco el periódico. A las nueve y media más o menos **6.** empezar .... a trabajar. Como tengo la oficina en casa, si no tengo mucho trabajo pendiente, incluso empiezo más tarde. Sobre las dos del mediodía **7.** cocinar .... algo, como y me echo una siesta. Por la tarde trabajo de cuatro a siete y luego me voy a hacer deporte. Por último, por la noche, me quedo tranquilamente en casa leyendo o **8.** ver .... la televisión. A veces, quedo con amigos.

Entrantes

Die *entrantes,* die spanische Variante der Vorspeisen, können untereinander beliebig kombiniert werden. Ein spanisches Essen kann durchaus auch mehrere Stunden dauern, so dient die Vorspeise als „Aufwärmer" des Magens, bevor dann eine üppige Hauptspeise folgt.

Gazpacho andaluz

Die *gazpacho* ist eine kalte Suppe aus ungekochtem Gemüse, Brot, Olivenöl und Essig. In den unterschiedlichen Regionen Spaniens sind viele Arten der *gazpacho* entstanden, im Folgenden wird die andalusische Variante vorgestellt. Durch ihre frischen Zutaten ist diese Suppe vor allem im Sommer ein kühler Genuss.

Preparación: 30 minutos **Para 4 personas**

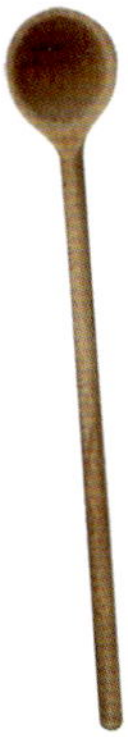

Ingredientes:

- 1 kg de tomates **maduros**
- ½ cebolla pequeña
- 1 pimiento verde pequeño
- 1 pepino pequeño
- 150 ml de aceite de oliva
- 2 **cucharadas** de vinagre
- 200 g de **miga de pan** (**remojado**)
- 1 **diente de ajo**
- sal
- agua fría
- unos **cubitos de hielo**

1 Se lavan los tomates y el pimiento.

2 Se **pelan** el pepino y la cebolla y se **cortan en trozos**. Si se quiere un gazpacho muy fino se pueden pelar los tomates y quitarles las **semillas**. Al pimiento se le quita el **rabillo** y las semillas y se corta también en trozos.

3 En la **batidora** se **van poniendo** los tomates, la cebolla, el pimiento, el pepino, el vinagre, el ajo, la sal y el pan remojado. Se **baten** bien los ingredientes para que la mezcla quede muy fina y al final se añade el aceite. Si es necesario, se añade agua para que el gazpacho no sea tan **espeso**.

4 Cuando se hayan batido todos los ingredientes, se mete en el frigorífico durante una hora como mínimo.

5 Antes de servir el gazpacho se le añaden cubitos de hielo para que esté bien frío. Si la consistencia es demasiado espesa, podemos añadir agua fría **a gusto**.

6 Para acompañar, se pueden servir **aparte** verduras (tomate, pimiento, pepino o cebolla) y pan del día anterior, todo cortado a **cuadraditos**.

a gusto	nach Belieben	**diente** *m* **de ajo**	Knoblauchzehe
aparte	separat	**espeso**	dickflüssig
batidora *f*	Mixer	**ir** *irr* **poniendo**	nach und nach dazugeben
batir	*hier:* im Mixer zerkleinern	**maduro**	reif
cortar en trozos	in Stücke schneiden	**miga** *f* **de pan**	zerkrümeltes Brot
cuadraditos *m pl*	kleine Würfel	**pelar**	schälen
cubitos *m pl* **de hielo**	Eiswürfel	**rabillo** *m*	Stiel
		remojado	eingeweicht
cucharada *f*	gehäufter Esslöffel	**semilla** *f*	Kern

Ejercicio 1:

Crucigrama. In diesem Gitternetz sind acht Zutaten für eine Gazpacho versteckt. Welche sind es?

V	I	N	A	G	R	E	O	R	N	A	P
S	K	J	F	A	C	E	I	T	E	Ñ	P
E	T	H	W	A	S	E	B	U	Z	Q	L
S	Z	O	N	I	C	E	B	O	L	L	A
I	P	K	M	U	R	O	W	T	A	E	O
M	O	I	U	A	C	A	S	I	O	O	N
A	P	L	N	Ñ	T	F	I	X	I	A	I
A	K	I	P	Y	Q	E	T	P	R	V	P
J	S	M	O	Z	G	N	D	Ñ	P	O	E
O	A	O	T	N	E	I	M	I	P	O	P

¿SABÍA QUE...

*...en el **lenguaje de las recetas** se utiliza a menudo la **primera persona del plural**? Ej: doramos la cebolla. Además, también se utilizan el **infinitivo** (dorar la cebolla) o las construcciones "**se + 3ª persona del singular/3ª persona del plural**" (se dora la cebolla/ se doran los ajos).*

Ejercicio 2:

Traducción. Welche der folgenden Wörter gehören zusammen? Ordnen Sie zu!

1. ☐ fino	**a)** kalt
2. ☐ espeso	**b)** separat
3. ☐ frío	**c)** dünn
4. ☐ anterior	**d)** eingeweicht
5. ☐ aparte	**e)** vorherig
6. ☐ remojado	**f)** dickflüssig

Ejercicio 3:

Se + 3ª persona del singular/3ª persona del plural. Bilden Sie die richtige Form!

Beispiel:

quitar el rabillo ... *se quita el rabillo* ...

1. lavar los tomates ...

2. pelar la cebolla ...

3. cortar el pimiento ...

4. batir los ingredientes ...

5. añadir agua fría ...

6. servir el pan aparte ...

Ejercicio 4:

Traducción. Übersetzen Sie folgende Sätze!

1. Se quitan las semillas de los tomates para que el gazpacho quede más fino.

...

...

2. Se añade agua para que el gazpacho no quede tan espeso.

...

...

3. Para acompañar, se sirven aparte las verduras cortadas en trocitos.

...

...

Almejas a la marinera

Almejas a la marinera ist ein typisches Rezept der Küste Galiziens (Nordwest-Spanien). Es stammt aus den Dreißigerjahren und ist sehr variantenreich. Im Folgenden werden zwei leckere Zubereitungsarten vorgestellt.

Preparación: 3 horas **Cocción:** 20 minutos **Para 3 personas**

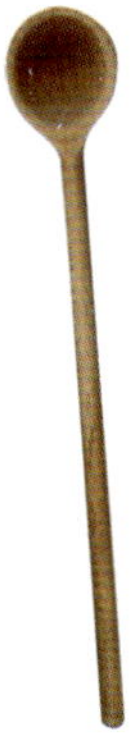

Ingredientes:

- 500 g de almejas
- aceite de oliva
- 1 cebolla
- 2 **dientes de ajo**
- **perejil** picado
- 1 **hoja de laurel**
- 1 cucharada sopera de harina
- 1 vaso de vino blanco
- **pimentón dulce**
- pimienta blanca
- sal

1 Limpiar muy bien las almejas con agua. Si se cuenta con tiempo suficiente, aconsejamos poner las almejas bien **tapadas** en un **recipiente** grande con agua y añadir un par de **cucharadas** de sal. **Dejar** las almejas **en remojo** de 2 a 3 horas (como mínimo 1 hora) para que **suelten** toda la **arena**.

2 **Picar** la cebolla. Echar un **chorrito** de aceite de oliva en una olla (suficiente para **cubrirla**) y **dorar** la cebolla hasta que esté transparente.

3 Añadir el ajo y el perejil picados y dejar que se **hagan a fuego lento**. Cuando la verdura esté casi dorada, añadir el pimentón y la hoja de laurel, y dejar que se acaben de hacer.

4 A continuación, añadir la harina y mover muy bien para que no se **formen grumos** y para que la salsa **espese**. Cuando la harina esté bien disuelta en la salsa, añadir el vino blanco.

5 Echar las almejas en la olla. Añadir sal y un poco de pimienta blanca y **dejar hervir** unos minutos para que las almejas se abran. Si es necesario, añadir un poco de agua para que la salsa no quede demasiado espesa.

6 Otra variante: mientras se dora la cebolla, hervir las almejas en una olla con medio vaso de agua para que se abran. **Colar** y guardar el **caldo restante** para añadirlo a la salsa al final, en lugar de agua. Con esta variante, normalmente no hace falta añadir sal.

caldo *m* restante	übrige Brühe	**hacer *irr* a fuego lento**	bei schwacher Hitze kochen
chorrito *m*	Schuss	**hoja *f* de laurel**	Lorbeerblatt
colar *irr*	sieben	**perejil *m***	Petersilie
cubrir	bedecken	**picar**	*hier:* in kleine Stücke schneiden
cucharada *f*	gehäufter Esslöffel	**pimentón *m* dulce**	Paprika, edelsüß (gemahlen)
dejar en remojo	einweichen lassen	**recipiente *m***	Gefäß
dejar hervir	kochen lassen	**soltar *irr* arena**	Sand lösen
diente *m* de ajo	Knoblauchzehe	**tapado**	bedeckt
dorar	bräunen		
espesar	binden		
formar grumos	Klumpen bilden		

Ejercicio 1:

Frases. Bringen Sie die Wörter in die richtige Reihenfolge!

1. recipiente un remojo en Dejar almejas las en

....

2. la esté Dorar que hasta cebolla transparente

....

3. las verduras lento a Hacer fuego

....

4. harina No que dejar grumos forme la

....

5. que las almejas para Hervir se abran

....

Ejercicio 2:

Indefinido. Formulieren Sie die Sätze im Indefinido!

1. El cocinero ha tapado el recipiente con un paño mojado.

....

2. ¿Por qué no has dejado las almejas en remojo?

....

3. ¿Habéis hecho las verduras a fuego lento?

....

4. ¡Qué suerte! ¡No hemos tenido que picar las verduras!

....

5. No he querido añadir pimentón porque no me gusta.

....

Ejercicio 3:

Comprensión. Welcher Satz ist korrekt? Kreuzen Sie an!

1. a) Es obligatorio dejar en remojo las almejas por lo menos una hora antes de cocinarlas para que suelten la arena. ❑
   b) No es obligatorio dejar en remojo las almejas por lo menos una hora antes de cocinarlas, pero se aconseja. ❑
2. a) Las verduras se hacen a fuego lento. ❑
   b) Las verduras se hacen a fuego vivo. ❑
3. a) Para que la salsa espese, hay que añadir harina y moverla muy bien. ❑
   b) Para que la salsa espese, hay que añadir vino blanco y moverla muy bien. ❑
4. a) Si se utiliza el caldo de las almejas cocidas normalmente no hace falta añadir sal al final. ❑
   b) Aunque se utilice el caldo de las almejas cocidas siempre hay que añadir sal al final. ❑

Ejercicio 4:

La receta. Bringen Sie die Kochschritte in die richtige Reihenfolge!

a) Dorar la cebolla en una olla hasta que esté transparente. Entonces, añadir el perejil y el ajo picados.

b) Echar el pimentón y el laurel y dejar que se terminen de hacer las verduras.

c) Dejar las almejas en remojo por lo menos una hora.

d) Añadir las almejas y el caldo.

e) Hervir las almejas en una olla para que se abran. Conservar el caldo restante.

f) Añadir la harina y mover muy bien, después echar el vino blanco.

1	2	3	4	5	6

Sopa castellana

Die *sopa castellana* ist eine leckere warme Suppe, die gut geeignet ist, um den kalten Winter zu überstehen. Sie hat eine sehr lange Tradition in Spanien, da sie wegen ihrer einfachen Zutaten häufig in den „harten Zeiten" verzehrt wurde. Schinken und Eier wurden damals allerdings häufig weggelassen, da sich nur die wenigsten diese beiden Zutaten leisten konnten.

Preparación: 30 minutos **Cocción:** 20 minutos **Para 4 personas**

Ingredientes:

- 6 **dientes de ajo**
- 4 huevos
- 150 g de jamón serrano
- 1 **cucharadita** de **pimentón dulce**
- 8 **rebanadas** finas de pan duro
- 1 ½ l de agua o caldo de carne
- 5 **cucharadas** de aceite
- sal
- pimienta molida

¿SABÍA QUE...

...por sus cualidades nutritivas la sopa castellana se toma como desayuno en muchas zonas del campo español? También es un desayuno típico en muchas procesiones de la Semana Santa castellana, sobre todo en la madrugada del Viernes Santo.

1 Pelar los ajos y cortarlos en **láminas**.

2 Poner una olla al fuego con 1 ½ litro de agua o caldo de carne.

3 Poner a calentar una **cazuela** con aceite de oliva y echar el ajo. **Saltearlo** hasta que empiece a tener un **color dorado** y añadir entonces el jamón cortado a trozos pequeños. Cuando el ajo esté tostado, añadir 4 rebanadas de pan duro y **darles unas vueltas**.

4 **Retirar** la cazuela **del fuego** y añadir el pimentón. Mezclarlo todo muy bien y **rehogarlo** durante 2 o 3 minutos más. Añadir el agua, o el caldo de carne, sin dejar de remover la mezcla. Dejar cocer durante 20 minutos aproximadamente.

5 Mientras se hace la sopa, tostar o **dorar al horno** el resto del pan. Pasados los 20 minutos, añadir el pan tostado u horneado a la sopa y **dejarlo flotar** hasta que se **ablande**. Añadir pimienta molida y sal si es necesario.

6 **Cascar** los huevos (uno por **comensal**) y echarlos a la sopa. Dejar **cuajar** durante 2 o 3 minutos. Servir muy caliente y, a ser posible, en **cuencos de barro**.

ablandarse	weich werden
cascar	aufschlagen
cazuela *f*	Kasserolle
color *m* **dorado**	goldene Farbe
comensal *m/f*	Gast
cuajar	gerinnen; eindicken
cucharada *f*	gehäufter Esslöffel
cucharadita *f*	Teelöffel
cuenco *m* **de barro**	Tontopf
dar *irr* **unas vueltas**	ein paar Mal wenden
dejar flotar	*hier:* schwimmen lassen
diente *m* **de ajo**	Knoblauchzehe
dorar al horno	goldbraun backen
lámina *f*	Scheibe
pimentón *m* **dulce**	Paprika edelsüß (gemahlen)
rebanada *f*	Brotscheibe
rehogar	anbraten
retirar del fuego	vom Herd entfernen
saltear	leicht anbraten

Ejercicio 1:

Gramática. Welcher Satz ist korrekt? Kreuzen Sie an!

1. a) Pelar la cebolla y la cortar en láminas. ❑
   b) Pelar la cebolla y cortarla en láminas. ❑
2. a) Poner a calentar una cazuela con 1/2 litro de agua. ❑
   b) Poner calentar una cazuela con 1/2 litro de agua. ❑
3. a) Dejar flotar el pan en la sopa hasta que se ablande. ❑
   b) Dejar flotar el pan en la sopa hasta que se ablanda. ❑
4. a) Comer la sopa mucho caliente y en cuencos de barro. ❑
   b) Comer la sopa muy caliente y en cuencos de barro. ❑
5. a) Añadir cuatro dientes de ajo y darles unas vueltas. ❑
   b) Añadir cuatro dientes de ajo y darlos unas vueltas. ❑
6. a) Mientras se fríen los ajos, poner una olla al fuego con 1 ½ litro de caldo. ❑
   b) Durante se fríen los ajos, poner una olla al fuego con 1 ½ litro de caldo. ❑

Ejercicio 2:

Indefinido e imperfecto. Setzen Sie die korrekte Verbform ein!

- Primero **1.** pelar .... los ajos y los eché en la sartén. Como no **2.** tener .... caldo de carne, **3.** poner .... a calentar 1 ½ litro de agua.

- Después de saltear los ajos, **4.** añadir .... el jamón serrano y el pan duro y les **5.** dar .... unas vueltas.

- Cuando todos los ingredientes estaban en la cazuela, lo **6.** rehogar .... todo durante 2 o 3 minutos.

Por último, como el horno no **7.** funcionar ...., **8.** tostar .... el pan y lo eché en la sopa.

Platos principales

Spanien und Lateinamerika haben eine reichhaltige und gesunde Auswahl an Hauptgerichten - den sogenannten *platos principales* - zu bieten. Probieren Sie die unterschiedlichen Rezepte und nehmen Sie sich anschließend die Zeit, eine kleine *siesta* zu machen. Denn die ist in diesen Ländern unverzichtbarer Bestandteil des Alltags!

Paella

Die *Paella* ist das bekannteste Gericht Spaniens. Es stammt aus der Region Valencia und hat sich mittlerweile sogar in Europa verbreitet. Die Zutaten variieren je nach Region, im Folgenden wird ein Rezept der *Paella mixta* vorgestellt.

Preparación: 20 minutos **Cocción:** 40 minutos **Para 8 personas**

Ingredientes:

- 2 vasos de aceite
- 600 g de arroz (que no sea de grano largo)
- 5 tazones de caldo de pescado
- ¼ kg de gambas
- 1 calamar mediano
- ½ kg de almejas
- ¼ kg de rape
- ½ chorizo mediano (cortado en trocitos)
- 100 g de guisantes
- 1 cebolla pequeña
- 2 tomates frescos medianos
- unas hebras de azafrán
- 1 trozo de diente de ajo
- 1 ramita de perejil
- sal

1 Calentamos la mitad del aceite en una paellera, echamos la cebolla (previamente picada) y 5 minutos más tarde, los tomates cortados a trocitos (si se desea sin semillas). Lo rehogamos todo 5 minutos. Paralelamente, pelamos las gambas, guardamos sus cáscaras y reservamos las colas aparte. Lavamos bien las almejas con agua y sal.

2 En un cazo cocemos las cáscaras y el hueso del rape; en otro cazo con poca agua, las almejas hasta que se abran. Preparamos un colador y colamos el caldo de los dos cazos.

3 Cortamos el calamar en tiritas y el rape a trocitos. Añadimos el aceite restante al sofrito de la paellera. Cuando la mezcla este caliente, se añaden el calamar, el rape y 2 tazones y medio de arroz. Se remueve todo con una cuchara de madera y se vierten 5 tazones del caldo que hemos colado (si el caldo es insuficiente, lo remplazaremos con agua caliente). Se deja hacer a fuego medio unos 20 minutos.

4 Mientras se hace el arroz, cortamos el chorizo a trocitos y machacamos en un mortero un poco de ajo, perejil, azafrán, algo de sal y añadimos agua. Vertemos la mezcla del mortero en la paellera y movemos esta por las asas para que las especias se repartan. Añadimos las colas de gambas y 10 minutos después se disponen las almejas, los guisantes y el chorizo a modo de decoración.

5 Cuando el arroz esté tierno y el caldo consumido, se retira la paella del fuego y se deja reposar 5 minutos. Se sirve con unos gajos de limón sin pelar.

almeja *f*	Venusmuschel
caldo *m* de pescado	Fischbrühe
cáscara *f*	Schale
cola *f*	Schwanz
colar *irr*	sieben
consumido	*hier:* aufgesaugt
cortar en tiritas	in kleine Streifen schneiden
dejar reposar	ziehen lassen
disponer *irr* a modo de decoración	als Deko vorbereiten
grano *m* largo	langes Korn
guisantes *m pl*	Erbsen
hebra *f* de azafrán	Safranfäden
machacar	zerdrücken
mortero *m*	Mörser
paellera *f*	(Paella-)Pfanne
ramita *f* de perejil	kleine Blätter Petersilie
rape *m*	Seeteufel
rehogar	anbraten
repartirse	sich verteilen
reservar aparte	aufbewahren
semillas *f pl*	Samen
sofrito *m*	Soße, die beim Anbraten von Zwiebeln in Olivenöl entsteht
tazón *m*	Schale
tierno	zart
verter *irr*	eingießen

Ejercicio 1:

Comprensión. Beantworten Sie die Fragen zum Rezept!

1. ¿Para qué se conservan las cáscaras de las gambas y el hueso del rape?

   ....

2. ¿Cuánto tiempo se deja la paella en el fuego desde que se echa el arroz?

   ....

3. ¿Cómo se mueve la paellera cuando se añaden líquidos?

   ....

4. ¿Cuándo se retira la paella del fuego exactamente?

   ....

Ejercicio 2:

La receta. Ergänzen Sie den Text mit den passenden Vokabeln!

comensales   largo   fuego   reposar   sabor   ingredientes

El secreto de la paella consiste en variar la intensidad del **1.** .... según el momento de cocción. En general, se aconseja hacerla a fuego medio. Es preferible retirarla del fuego cuando todavía no esté lista del todo y dejarla **2.** .... durante 5 minutos para que no se pase el arroz, es decir, para que no se quede pastoso. Por ello, lo mejor es echar el arroz cuando todos los **3.** .... estén en casa y calcular unos 20 minutos.

Otra cosa a tener en cuenta, es que no se debe utilizar arroz de grano **4.** .... porque tarda más en cocerse y además no toma tanto el **5.** .... del caldo de pescado.

¡Por último, le aconsejamos que pruebe a hacer la paella con muchos **6.** .... diferentes hasta que encuentre su paella ideal!

Ejercicio 3:

Pronombres. Unterstreichen Sie die richtige Variante!

Beispiel: *¿Sara? No la/le conozco.*

1. Emilio no vio a Pedro. No lo / le vio.
2. Mis amigos vienen a las 18 horas, ¿y los tuyos / tus ?
3. No sigas mintiendo. ¡Dímelo / lo dime ya!
4. Anita, ¿cuántos años tiene tu hermana? ¿Es mayor que tu / tú ?
5. ¿No la / le has comprado nada a Lucía por vuestro aniversario?
6. Al final no compré los libros ayer; los / les he comprado hoy.

Ejercicio 4:

Comprensión. Welche Sätze sind inhaltlich falsch? Kreuzen Sie an!

1. La paella solo es un plato típico de Valencia. ❑
2. La paella se puede hacer con cualquier tipo de arroz. ❑
3. El término "paella" se utiliza tanto para nombrar el plato gastronómico como la sartén donde se cocina. ❑
4. La paella se debe dejar reposar 20 minutos antes de servirla. ❑
5. Todas las variedades de paella llevan pescado. ❑
6. El limón como acompañamiento es obligatorio. ❑

Tortilla de patatas

Die *tortilla de patatas* ist eines der bekanntesten Gerichte der spanischen Küche und kann mittags, abends oder auch als Tapa gegessen werden. Eine Variation ist das *bocadillo de tortilla de patatas* - ein mit Tortilla belegtes Brötchen -, häufig begleitet von frittierten grünen Paprika.

Preparación: 10 minutos **Cocción:** 15 minutos **Para 3 personas**

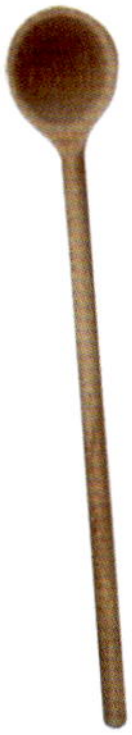

Ingredientes:

- 4 huevos grandes
- ½ kg de patatas
- 1 cebolla mediana
- ¼ l de aceite de oliva

¿SABÍA QUE...

... "darle la vuelta a la tortilla" es también una expresión que significa que una situación ha cambiado? Por ejemplo, hoy en día hay muchos hombres que trabajan en casa y se ocupan de la cocina, mientras que las mujeres trabajan fuera. Así que, podríamos decir que "¡se ha dado la vuelta a la tortilla!"

1 Se **pelan** las patatas y la cebolla. Se cortan las patatas en **láminas finas** y la cebolla **a gusto**.

2 Se **pone** el aceite **a calentar** en la sartén y se fríen las patatas y la cebolla. Mover de vez en cuando para que no **se peguen** en la sartén. Añadir sal.

3 Mientras se fríen las patatas y la cebolla, se **baten** los huevos en una **ensaladera** o en un **plato hondo** y se **echa** sal. Si se añade un **chorrito** de leche, la tortilla quedará más **jugosa**.

4 Cuando las patatas y la cebolla **estén hechas**, se **aparta** la sartén del fuego y se **escurre** el aceite, dejando tan solo un poquito en la sartén. A continuación, se añaden la cebolla y la patata al huevo batido y se remueve todo muy bien. Cuando esté todo bien mezclado, se echa la mezcla en la sartén.

5 Se aconseja mover la sartén por el **mango** para que no se pegue la tortilla.

6 Cuando esté hecha la parte de abajo de la tortilla, se pone una **tapadera** o un plato encima de la sartén, se le da la vuelta a la tortilla con cuidado y se introduce de nuevo en la sartén. Cuando esté **dorada** por los dos lados, se pone en un plato.

a gusto	nach Belieben
apartar	beiseitestellen
batir	schlagen
chorrito *m*	Schuss
dorado	*hier:* gebräunt
echar	*hier:* hinzufügen
ensaladera *f*	Salatschüssel
escurrir	abtropfen
estar *irr* hecho	gar sein
jugoso	saftig
láminas *f pl* finas	dünne Scheiben
mango *m*	Griff
pegarse	*hier:* anbrennen
pelar	schälen
plato *m* hondo	Suppenteller
poner *irr* a calentar	erhitzen
tapadera *f*	(Topf-)Deckel

Ejercicio 1:

Vocabulario. Bringen Sie die Buchstaben in die richtige Reihenfolge!

1. t a d e p a r a ....
2. s a l a e n r a d e ....
3. t o c h o r r i ....
4. c u d a r a c a h ....
5. s t é n a r ....
6. t l l a o r i t ....
7. g o j u s o ....

Ejercicio 2:

Comprensión. Welcher Satz ist korrekt? Kreuzen Sie an!

1. a) Si se añade un chorrito de leche al huevo batido, la tortilla quedará más jugosa. ❑
   b) Si se añade un chorrito de leche al huevo batido, la tortilla quedará más dulce. ❑
2. a) Si se mueve la sartén por el mango, la tortilla no se pega. ❑
   b) Si se mueve la sartén por el mango, la tortilla se pega. ❑
3. a) Antes de echar la mezcla de huevo batido, patatas y cebolla a la sartén, se escurre casi todo el aceite. ❑
   b) Antes de echar la mezcla de huevo batido, patatas y cebolla a la sartén, no se escurre el aceite. ❑
4. a) Para dar la vuelta a la tortilla se necesita un plato o un vaso. ❑
   b) Para dar la vuelta a la tortilla se necesita un plato o una tapadera. ❑

Ejercicio 3:

Participios. Bilden Sie die Partizipien der folgenden Ausdrücke!

Beispiel: huevos batir .... huevos batidos

1. tomates pelar ....

2. pimiento freír ....

3. cebollas cortar ....

4. cebollas y patatas añadir ....

5. patatas y huevos mezclar ....

6. tortilla mover ....

Ejercicio 4:

Palabras. Bilden Sie sinnvolle Wörter und ergänzen Sie die Sätze!

es cu apar ba frí mez du ce rre

intro ra ten do en cla ta da

1. Se .... las patatas y la cebolla en la sartén.

2. Se .... la sartén y se .... el aceite.

3. Se .... los huevos en una ensaladera.

4. Se .... el huevo batido con las patatas y la cebolla.

5. Cuando esté .... la parte de abajo de la tortilla, se le da la vuelta y se .... de nuevo en la sartén.

Cocido madrileño

Der *cocido madrileño* ist ein traditioneller Kichererbseneintopf aus Madrid. Er besteht aus drei Teilen: der Suppe, den Kichererbsen mit dem Gemüse und dem Fleisch. Man kann die einzelnen Komponenten entweder getrennt servieren oder auch zusammen in einer Schüssel.

Preparación: 1 día **Cocción:** 3-4 horas **Para 6 personas**

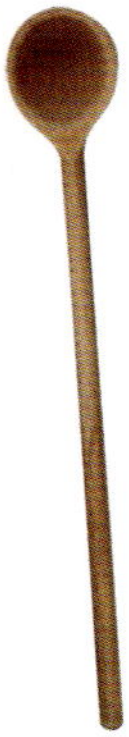

Ingredientes:

- 500 g de garbanzos
- 1 repollo
- ½ kg de zanahorias pequeñas
- 6 patatas medianas
- ½ kg de morcillo (de ternera)
- ¼ de gallina
- 2 huesos de caña
- 1 chorizo
- 1 morcilla
- 1 punta de jamón serrano
- 150 g de tocino veteado
- 2 puñados de fideos muy finos
- sal

1 La noche anterior poner los garbanzos en remojo en agua tibia con sal. Lavar y pelar las patatas; dejarlas enteras. Pelar las zanahorias y cortarlas a lo largo por la mitad.

2 Poner una olla grande con abundante agua fría a calentar, y meter la carne, los huesos, el tocino, el jamón y la gallina con un poco de sal. Cuando el agua hierva, quitarle la espuma que se forma y añadir la cebolla y los garbanzos.

3 Dejar cocer el cocido lentamente durante unas 3 horas y media, quitándole la espuma de vez en cuando y añadiendo agua si el nivel de líquido baja demasiado al hervir. Una hora antes de que acabe la cocción, añadir las zanahorias y media hora después, las patatas.

4 Mientras se hace el cocido, picar, lavar y cocer el repollo aparte. Antes de servirlo, se rehoga en una sartén con aceite y un par de dientes de ajo. El chorizo y la morcilla también se cuecen aparte.

5 Cuando el cocido esté listo, separar el caldo necesario para la sopa y ponerlo a cocer durante 15 minutos con los fideos. Servir.
El resto de ingredientes se pueden servir juntos en un plato hondo o por separado.

a lo largo	längs
abundante	sehr viel, reichlich
agua *f* tibia	lauwarmes Wasser
aparte	beiseite
garbanzos *m pl*	Kichererbsen
hervir *irr*	kochen
hueso *m* de caña	Rindermarksknochen
morcilla *f*	Blutwurst
morcillo *m* (de ternera)	Rinderbein
plato *m* hondo	Suppenteller
poner *irr* en remojo	einweichen
puñado *m* de fideos	eine Handvoll Suppennudeln
punta *f* de jamón serrano	Serrano-Schinkenspitze
quitar la espuma	den Schaum entfernen
rehogar	anbraten
repollo *m*	Weißkohl
separar	*hier:* abschöpfen
tocino *m* veteado	gemaserter Speck

Ejercicio 1:

La receta. Bringen Sie das Rezept in die richtige Reihenfolge!

a) Bajar el fuego y dejar cocer toda la mezcla durante horas. Cuando falte una hora para terminar la cocción, añadir la zanahoria y media hora después, las patatas.

b) Poner a hervir toda la carne.

c) Separar el cocido en tres partes: el caldo para la sopa, las verduras y las patatas, y por último la carne. Servir por separado.

d) Cuando rompa a hervir, añadir los garbanzos.

e) Preparar todas las verduras y los garbanzos remojados.

f) Mientras se hacen la carne, los garbanzos, las zanahorias y las patatas, cocer por separado el repollo y aparte el chorizo y la morcilla.

1	2	3	4	5	6

Ejercicio 2:

Antónimos. Welche der folgenden Wörter gehören zusammen? Ordnen Sie zu!

Beispiel: *claro* *oscuro*

1. ☐ plato hondo — a) fuente llana
2. ☐ primer plato — b) plato llano
3. ☐ ensaladera — c) quitar
4. ☐ salado — d) adelgazar
5. ☐ añadir — e) soso
6. ☐ amargo — f) postre
7. ☐ engordar — g) dulce

Ejercicio 3:

Adverbios y adjetivos. Ergänzen Sie den Text mit den Adverbien und Adjektiven!

previamente buen lentamente pequeños rica pesado bien aparte

1. El cocido se debe hacer .... para que coja .... todos los sabores.
2. El repollo se corta en trozos .... y se cuece en un cazo .... Antes de servirlo, se rehoga en una sartén con aceite donde se hayan dorado un par de dientes de ajo ....
3. A un .... cocido no le puede faltar una .... morcilla.
4. El cocido se suele comer en invierno porque es un plato demasiado .... para el verano.

Ejercicio 4:

Subjuntivo. Lesen Sie den folgenden Text und unterstreichen Sie alle Subjuntivo-Formen!

- ¿Vamos a un restaurante a comer?
- Sí, ¿por qué no? De todas formas, en casa no tenemos nada y aunque tuviésemos algo, no tengo ganas de cocinar. ¿Qué te apetece comer?
- Ahora mismo... ¡creo que me comería un buen plato de cocido madrileño!
- ¿Estás loca? ¿Quién sería capaz de comerse un cocido a estas horas? No creo que haya nadie capaz de hacer eso.
- Sí, ¡yo!... Bueno, pues entonces... ¡unas quesadillas mexicanas! Creo que en el mexicano que está junto a mi casa las hacen muy buenas.
- Es posible que estén buenas, pero a mí no me apetece eso ahora... No creo que sea la mejor opción para la noche... ¿Qué tal una sopa en el bar de la esquina?
- Prefiero que vayamos a otro barrio...

Calamares fritos

Die *calamares fritos* werden sehr häufig in den sogenannten *chiringuitos* (Strandbars) am Strand gegessen. Es ist ein typisches Gericht, welches in ganz Andalusien und insbesondere an der bekannten Costa del Sol in der Provinz Málaga verzehrt wird. Genießen Sie dieses Rezept und schwelgen Sie dabei in Urlaubserinnerungen!

Preparación: 15–20 minutos **Para 6 personas**

Ingredientes:

- 1¼ kg de **calamares** frescos medianos
- harina para **rebozar**
- opcional: **pan rallado**
- 1½ l de aceite
- sal
- limón cortado en **gajos**
- **perejil picado**

1 Limpiar los calamares bajo el agua del grifo. Para limpiarlos, se **desprende** todo lo que **cuelga** del cuerpo, es decir, la cabeza, las **tripas** y los tentáculos. Después se quita la **bolsa de tinta**, se vacía el interior y se quita la piel.

2 Secar bien los calamares y cortarlos en **redondeles** de 1 cm de ancho. Salar ligeramente los calamares moviéndolos muy bien.

3 Echar harina en un **plato hondo** y **pasar por** la harina. También se puede mezclar la harina con un poco de pan rallado.

4 Freír los calamares **por tandas** en una sartén con aceite **abundante** y muy caliente o en una **freidora**. Cuando estén **dorados**, ir colocando los calamares en un **plato llano** grande cubierto con servilletas o papel de cocina para que no tengan demasiado aceite.

5 Servir los calamares fritos con perejil picado y gajos de limón. También se pueden acompañar con salsas como alioli, mayonesa o zaziki.

¿SABÍA QUE...

...en Madrid se comen los calamares fritos en bocadillo? Una tradición muy popular de la capital española consiste en comerse un ***bocadillo de calamares fritos*** *en la Plaza Mayor. ¡Muchos grupos de jóvenes se sientan en el suelo en medio de la plaza a comérselos!*

abundante	sehr viel, reichlich
bolsa *f* **de tinta**	Tintenbeutel
calamar *m*	Tintenfisch
colgar *irr*	hängen
desprender	ablösen
dorado	*hier:* gebräunt
freidora *f*	Fritteuse
gajo *m*	Rippe, Segment
pan *m* **rallado**	Semmelbrösel
pasar por	wenden
perejil *m* **picado**	gehackte Petersilie
plato *m* **hondo**	Suppenteller
plato *m* **llano**	flacher Teller
por tandas	nach und nach
rebozar	panieren
redondel *m*	Kringel
tripas *f pl*	Gedärme

Ejercicio 1:

Nacionalidades. Bilden Sie die passenden Nationalitäten zu den angegebenen Ländern!

Beispiel: España *español, española*

1. Cuba ....

2. Francia ....

3. Estados Unidos ....

4. Alemania ....

5. Bélgica ....

6. Marruecos ....

7. Turquía ....

Ejercicio 2:

Pronombres. Ersetzen Sie die unterstrichenen Wörter durch die entsprechenden Pronomen!

Beispiel: ¿Has llamado a <u>Ana</u>? *¿La has llamado?*

1. Enrique tuvo el accidente porque no vio <u>el coche</u>.

....

2. ¿Me das el número de teléfono <u>de tu amiga</u>?

....

3. ¡Cómprame <u>los caramelos</u>, por favor!

....

4. Vendí la casa <u>a mi amigo</u>.

....

Ejercicio 3:

Crucigrama. Finden Sie die Begriffe in der Wortspirale!

1	2	3	4	5	6	7
22	23	24	25	26	27	8
21	36	37	38	39	28	9
20	35	42	41	40	29	10
19	34	33	32	31	30	11
18	17	16	15	14	13	12

1-8: Electrodoméstico usado para freír.

8-13: Lo contrario de dulce.

13-16: Sustantivo de oler.

16-23: Forma en la que se cortan los calamares.

23-27: Cítrico de color amarillo.

27-33: Cítrico de color naranja.

33-38: Echar aceite y vinagre a los alimentos.

38-42: Conocido vino español.

Ejercicio 4:

Expresiones idiomáticas del lenguaje popular. Welche der folgenden Satzteile gehören zusammen? Ordnen Sie zu!

1. ☐ Estás como un fideo/como un espárrago.
2. ☐ Está para chuparse los dedos.
3. ☐ Me he puesto rojo como un tomate.
4. ☐ Es pan comido.
5. ☐ Se ha puesto como una sopa.
6. ☐ Me importa un pimiento.

a) Ich bin rot geworden.

b) Es ist sehr einfach.

c) Es ist mir egal.

d) Du bist sehr dünn.

e) Sie ist sehr nass geworden.

f) Es ist sehr lecker.

Cordero al horno

Der *Cordero al horno* ist ein Gericht aus der Region Kastilien-León. Traditionell wird das Lamm nur mit Wasser, der Brühe aus dem Fleisch und etwas Salz im Holzofen gebraten. Dazu trinkt man ein gutes Glas Rotwein.

Preparación: 15 minutos **Cocción:** 1 hora y media **Para 4 personas**

Ingredientes:

Para el asado:
- 2 cuartos de cordero lechal
- aceite de oliva
- agua
- sal
- 5 patatas (no muy grandes)

Para el majado:
- unos dientes de ajo machacados
- un chorreón de vino blanco

1 Se precalienta el horno durante unos 10 minutos a 180 °C. En un cazo se pone a cocer un vaso grande de agua con sal.

2 Se ponen los trozos de cordero en la bandeja del horno o en una cazuela de barro y se echa un chorreón de aceite por encima. Se añade el agua que se ha cocido previamente y se mete la bandeja en el horno.

3 El cordero debe asarse durante una hora y media en total. Durante este tiempo, se le va dando la vuelta y se rocía con el caldo que va soltando la carne. Si es necesario, se añade agua para que no se quede seco. A mitad de cocción, se añaden unas patatas redondas o cortadas en rodajas y se rocía la carne con el majado hasta que termine de asarse.

4 Para el majado: en un mortero se mezclan los ajos machacados, un poco de sal, un chorreón de vino blanco y un poco de caldo del cordero.

5 La carne tiene que quedar crujiente por fuera y muy jugosa por dentro. Cuando el cordero esté asado, se deja reposar unos 5 minutos antes de trincharlo. Se sirve con ensalada de lechuga aliñada con sal, aceite y vinagre.

aliñar	würzen, anmachen
asado *m*	Braten
bandeja *f* **del horno**	Blech, Backblech
cazuela *f* **de barro**	*hier:* Schmortopf aus Ton
chorreón *m*	Schuss
cordero *m* **lechal**	Milchlamm
crujiente	knusprig
dar *irr* **la vuelta**	wenden
dejar reposar	ruhen lassen
jugoso	saftig
machacado	zerstampft
majado *m*	Mischung aus dem Mörser
mortero *m*	Mörser
precalentar *irr*	vorwärmen
rociar con caldo	mit Brühe übergießen
soltar *irr*	abgeben, verlieren
trinchar	tranchieren, schneiden

Ejercicio 1:

Vocabulario. Welches Wort ist das „schwarze Schaf“? Unterstreichen Sie!

1. huevos	leche	mantequilla	queso
2. cordero	ternera	pavo	lubina
3. partir	escurrir	trinchar	cortar
4. cuchillo	tabla	cuchara	tenedor
5. legumbres	cereales	pasta	arroz

Ejercicio 2:

Verbos. Ergänzen Sie den Text mit den Verb-Endungen!

Jorge no tien......... ganas de comer hoy.

Jorge no tiene ganas de comer hoy.

1. Ella sig......... creyendo que es mejor quedarse en casa.
2. Ana, no sé cuando ir......... a la biblioteca. Quizás esta tarde. Cuando lo sep........., te aviso.
3. Ayer hiz......... mucho frío, por eso no fui a correr.
4. Carlos, ¿sabes dónde estuv......... tus primos ayer? No han querido contármelo...
5. ¿A qué hora v......... al cine vosotros?
6. Sofía, ¿todavía me qu......... ?
7. Alberto, ¿te gust......... ir al zoo la semana que viene?
8. Hay un atasco en la carretera. No creo que María lleg......... pronto a casa.

Ejercicio 3:

Pronombres interrogativos. Fragen Sie jeweils nach dem unterstrichenen Satzteil!

1. El jefe de cocina es <u>el hermano del dueño del restaurante</u>.

   ¿ .... ?

2. ¿Sirve este utensilio <u>para quitar las cáscaras de los huevos</u>?

   ¿ .... ?

3. Podemos quedar esta tarde <u>a las ocho enfrente del cine</u>.

   ¿ .... ?

4. Toni es <u>de México</u>.

   ¿ .... ?

5. Esta tarde voy a quedar <u>con una vieja amiga</u>.

   ¿ .... ?

6. Pues... ¡me debes <u>300 euros</u>!

   ¿ .... ?

Ejercicio 4:

Traducción. Übersetzen Sie folgende Sätze!

1. Lo primero que hay que hacer es precalentar el horno a 180 grados.

   ....

2. Hay muchas maneras distintas de hacer el majado.

   ....

3. Los cocineros expertos aconsejan comprar un cordero de buena calidad.

   ....

4. El vino blanco le da un sabor muy rico al cordero.

   ....

Albóndigas en salsa de tomate

Die *albóndigas en salsa* sind ein sehr einfaches und reichhaltiges Gericht, das man mit vielen verschiedenen Soßen zubereiten kann. Hier wird die Variante mit Tomatensoße vorgestellt.

Preparación: 20 minutos **Cocción:** 50 minutos **Para 4 personas**

Ingredientes:

Para las albóndigas:
- 500 g de carne de ternera picada
- 100 g de carne de cerdo picada
- 100 g de miga de pan
- ½ vaso de leche
- 1 huevo
- 2 dientes de ajo
- perejil picado
- 1 plato de harina

Para la salsa:
- 1 cebolla
- 2 dientes de ajo
- 1 kg de tomates
- un chorreón de vino blanco
- 1 cucharadita de azúcar
- 1 ramita de perejil
- aceite de oliva
- sal

1 Mezclamos la miga de pan con la leche y dejamos reposar. Picamos los ajos.

2 Batimos el huevo y lo mezclamos con el perejil, los ajos picados y la miga de pan. Echamos sal y pimienta negra a la carne y la añadimos a la mezcla anterior.

3 Lo mezclamos todo muy bien y con la masa resultante formamos bolas con las manos y las pasamos por la harina.

4 Ponemos un chorreón de aceite a calentar en una sartén y freímos las albóndigas, dándoles unas vueltas para que se doren por todos los lados. Se retiran y se van colocando en una cazuela.

5 Para hacer la salsa, doramos la cebolla y los ajos en el mismo aceite de freír las albóndigas, echamos un chorreón de vino blanco y añadimos los tomates pelados y troceados. A continuación, echamos un poco de azúcar y sal, y dejamos cocer la salsa durante veinte minutos.

6 Cuando la salsa esté lista la pasamos por el pasapurés y la vertemos en la cazuela con las albóndigas. Por último, dejamos cocer las albóndigas en su salsa durante 10 o 15 minutos y las servimos con una ramita de perejil.

albóndiga *f*	Fleischbällchen	miga *f* de pan	Brotstückchen
batir	schlagen	pasapurés *m*	Passiersieb
cazuela *f*	Kasserolle	pasar por	wenden
chorreón *m*	Schuss	pelado	geschält
cucharadita *f*	Teelöffel	perejil *m*	Petersilie
dar *irr* unas vueltas	ein paar Mal wenden	picado	gehackt
		ramita *f*	*hier:* Blatt
dejar reposar	ziehen lassen, ruhen	retirar	entfernen
dorar	bräunen	troceado	gestückelt
masa *f* resultante	die entstandene Masse	verter *irr*	schütten, eingießen

Ejercicio 1:

El lenguaje de las recetas. Wie lautet die „se"-Form und 1. Person Plural der folgenden Verben?

Beispiel:

mezclar todo muy bien ... *se mezcla todo muy bien, mezclamos todo muy bien*

1. picar el perejil ....

2. ir colocando las albóndigas en un plato ....

3. verter la salsa en la cazuela ....

4. trocear los tomates ....

5. batir los huevos ....

6. servir el plato ....

Ejercicio 2:

Ser, estar y haber. Setzen Sie die korrekte Verbform ein!

Querida hermana:

¡Felicidades por tu nuevo puesto de trabajo! Ana y yo **1.** .... muy contentos por ti. Aquí ahora mismo no **2.** .... mucho trabajo, pero no nos va mal. Las niñas **3.** .... enormes, ¡te vas a sorprender mucho cuando las veas! Laura **4.** .... muy traviesa pero muy simpática y Esther normalmente **5.** .... muy buena pero a veces llora demasiado… ¿Dónde **6.** .... tu trabajo? Espero que no tengas que ir muy lejos, sobre todo en invierno que hace tanto frío… ¿Sabes que Ana y yo **7.** .... pintado la casa? ¡Ahora cada habitación está pintada de un color diferente! Deberías hacer lo mismo, ¡queda muy bien! Bueno, espero verte pronto. Te quiere: tu hermano.

Ejercicio 3:

Vocabulario. Übersetzen Sie die Gemüsesorten!

1. .... 
2. .... 
3. .... 
4. .... 
5. .... 
6. .... 
7. .... 
8. .... 

Ejercicio 4:

Unir frases. Ergänzen Sie den Text!

pero e porque como y o es que u sino ni ... ni

1. No estoy segura, pero creo que Raúl tiene siete .... ocho hermanos.
2. ¿Cuándo vienes? ¿Hoy .... mañana?
3. No voy .... hoy .... mañana; tengo muchas cosas que hacer...
4. Estas son Claudia .... Irene; son mis primas, ... esta es Aurora; mi novia.
5. No he pedido albóndigas .... cordero al horno, ... si no tienen cordero, ¡me quedo con las albóndigas!
6. A Ana le duele el estómago .... ha comido demasiado.
7. .... llegó tarde al medio día, se quedó sin comer...
8. Me gustaría ir al cine contigo pero no puedo; .... mañana tengo que madrugar...

Ceviche peruano

Das *ceviche* ist ein aus Peru stammendes, köstlich exotisches Fischgericht. Die Zutaten können je nach Region variieren, es können die unterschiedlichsten Fischarten dafür verwendet werden: Seebarsch, Seezunge, Zackenbarsch, Stöcker, Thunfisch ...

Preparación: 30 minutos Para 2 personas

Ingredientes:

- 300 g de corvina fresca
- 1 cebolla roja
- 2-3 limones frescos
- 1 ají picante o guindilla
- 1 diente de ajo
- cilantro
- jengibre (opcional)
- pimienta negra molida
- sal

1 Limpiar y despiezar bien la corvina: quitarle las aletas, escamas, cabeza y espina dorsal. Sacar los lomos y la ventresca. Cortar la corvina en láminas finas con un cuchillo e ir poniéndolas en una fuente.

2 Cortar la cebolla en juliana y añadirla a la fuente con el pescado. Mezclar el pescado con la cebolla, lavar la mezcla con abundante agua fresca y escurrir.

3 Picar el ajo, la guindilla y el cilantro muy finos, y añadirlos a la mezcla. Salpimentar y agregar el zumo de 2 o 3 limones hasta cubrirlo todo bien. También se le puede añadir jengibre (opcional).

4 Meter la fuente en el frigorífico y dejar macerar el pescado hasta que esté blanco. Servir frío.

5 Se suele acompañar con choclo, unas hojas de lechuga y batata.

6 Otra variante: dejar macerar el pescado con el zumo de limón, la sal, la guindilla y la pimienta durante 15 minutos y añadirle la cebolla y el cilantro antes de servirlo.

¿SABÍA QUE...

...a partir del jugo de los ingredientes del ceviche se puede elaborar una bebida afrodisíaca llamada leche de tigre? Para ello, se mete el jugo sobrante del ceviche en la licuadora y se le añade un poco de leche, apio y guindilla, y se tritura todo. Después se le añade vodka o aguardiente y...¡ya está! ¡Qué lo disfrute!

ají *m Lat* picante o guindilla *f*	Paprikaschote
aleta *f*	Flosse
batata *f Lat*	Süßkartoffel
choclo *m Lat*	zarter Maiskolben
cilantro *m*	Koriander
cortar en juliana	in feine Streifen schneiden
cortar en láminas finas	in dünne Scheiben schneiden
corvina *f*	Seebarsch
cubrir	bedecken
despiezar	zerlegen
escama *f*	Schuppe
escurrir	abtropfen
espina *f* dorsal	Rückgrat
fuente *f*	*hier:* Schüssel
jengibre *m*	Ingwer
lomo *m*	*hier:* Rückenstück
macerar	*hier:* einlegen
molido	gemahlen
picar	hacken
salpimentar	mit Salz und Pfeffer würzen
ventresca *f*	Fischbauch

Ejercicio 1:

Crucigrama. In diesem Gitternetz sind acht Zutaten für ein *ceviche* versteckt. Welche sind es?

P	G	N	I	J	E	N	G	I	B	R	E
S	K	U	F	A	C	C	I	T	E	Ñ	P
C	T	H	I	A	S	O	B	U	Z	Q	L
E	Z	O	N	N	C	R	U	O	V	L	U
B	P	K	M	U	D	V	W	T	O	J	A
O	R	T	N	A	L	I	C	I	O	O	N
L	P	L	Ó	Ñ	K	N	L	X	I	A	G
L	K	I	M	Y	Q	A	T	L	R	V	P
A	S	M	I	Z	G	N	D	Ñ	A	O	O
O	A	I	L	N	A	T	A	T	A	B	P

Ejercicio 2:

Gramática. Welcher Satz ist korrekt? Kreuzen Sie an!

1. a) Sacar los lomos del pescado e ir colocándolos en una fuente. ❑
   b) Sacar los lomos del pescado e ir los colocando en una fuente. ❑
2. a) Lo siento, ya no estoy enamorado en ti. ❑
   b) Lo siento, ya no estoy enamorado de ti. ❑
3. a) Cortar la cebolla de juliana y añadirla a la fuente. ❑
   b) Cortar la cebolla en juliana y añadirla a la fuente. ❑
4. a) Mañana por la mañana te recojo en las ocho. ❑
   b) Mañana por la mañana te recojo a las ocho. ❑

Ejercicio 3:

Adjetivos y adverbios. Ergänzen Sie das jeweilige Adjektiv und Adverb!

Beispiel:

humildad	*humilde*	*humildemente*
1. tristeza	....	....
2. alegría	....	....
3. comodidad	....	....
4. amabilidad	....	....
5. dureza	....	....

Ejercicio 4:

Pasados. Formulieren Sie die Sätze im Indefinido!

Beispiel: Esta noche no he dormido bien.

Ayer por la noche no dormí bien.

1. Hoy he hecho ceviche peruano para el almuerzo.

....

2. No sé si vendrá la clienta, así que me voy.

....

3. Hoy no he ido a trabajar porque me encontraba mal.

....

4. Hoy prefiero comer más tarde.

....

Arepas venezolanas

Die *Arepas* sind Maisfladen, die sich vor allem in Venezuela oder Kolumbien großer Beliebtheit erfreuen. Sie werden mit einer Vielzahl unterschiedlicher Füllungen zubereitet: zerfasertes Rindfleisch, Käse und Schinken, Avocado und Hähnchen usw.

Preparación: 30 minutos **Cocción:** 50 minutos aprox. **Para 6 personas**

Ingredientes:

Para la carne mechada:

- 1kg de falda de ternera
- 2 cebollas
- 4 ajos
- un chorreón de vino blanco
- agua
- sal gorda
- pimienta

Para las arepas:

- harina de maíz precocida
- sal
- 3 tazas de agua tibia
- levadura (opcional)

¿Sabía que...

*...las **arepas** también son un **plato típico** en **Tenerife**? Gracias al buen contacto cultural y social entre Venezuela y Canarias, ¡también se puede disfrutar de este delicioso platillo en España!*

1 Picar las cebollas y el pimiento. En un mortero machacar la sal gorda y los ajos.

2 Poner la carne en una olla con la cebolla y la mezcla de ajo y sal. Añadir un chorreón de vino blanco, cubrir con agua y dejar cocer a fuego lento hasta que la carne esté lo suficientemente blanda para desmenuzarla en tiras finas.

3 Batir la salsa que queda en la olla. Cuando la carne esté desmenuzada, volver a echarla en la olla y cocinarla un poco para que coja el sabor de la salsa.

4 Para hacer las arepas: echar en una ensaladera el agua tibia e ir añadiendo poco a poco la harina de maíz. Remover con una batidora o una varilla para que no se formen grumos. Añadir levadura (opcional) y sal.

5 Amasar la mezcla hasta que quede homogénea y no se pegue a las manos. Formar unas pelotas del tamaño de nuestro puño y aplastarlas con las manos.

6 Dorar las arepas por los dos lados en una sartén con un poco de aceite y después meterlas en el horno previamente precalentado (a 180 ºC) durante 15 minutos aproximadamente. Sacar del horno las arepas y cortarlas transversalmente. Rellenar con la carne y servir.

agua *f* tibia	lauwarmes Wasser	falda *f* de ternera	Rindfleisch (Brust), durchwachsen
amasar	kneten	grumos *m pl*	Klumpen
aplastar	plätten	levadura *f*	Backpulver
batir	schlagen	machacar	zerdrücken
carne *f* mechada	zerfasertes Fleisch	mortero *m*	Mörser
chorreón *m*	Schuss	picar	hacken
cubrir	bedecken	precocido	vorgekocht
desmenuzar en tiras finas	in dünne Streifen zerfasern, zerrupfen	puño *m*	Faust
dorar	anbräunen	sal *f* gorda	grobkörniges Salz
ensaladera *f*	Salatschüssel	transversalmente	schräg
		varilla *f*	Schneebesen

Ejercicio 1:

Errores. Lesen Sie den Dialog und korrigieren Sie die sechs Fehler im folgenden Absatz!

En un restaurante:
- Hola buenos días, ¿qué desea para beber?
- Una cerbeza, por favor.
- ¿Va tomar el menú?
- Si, de primero, una ensalada mixta y de segundo, unas arepas venezolanas, por favor.
- Deacuerdo, ¿que relleno prefiere para las arepas?
- El de aguacate y poyo.
-¡Estupendo!

1. ....
2. ....
3. ....
4. ....
5. ....
6. ....

Ejercicio 2:

Definiciones. Ordnen Sie den Verben die passende Definition zu!

1. ☐ desmenuzar
2. ☐ machacar
3. ☐ batir
4. ☐ aplastar
5. ☐ amasar
6. ☐ rellenar

a) golpear algo para reducirlo a fragmentos muy pequeños
b) llenar otro alimento con carne u otros ingredientes
c) formar o hacer una masa mezclando harina u otra cosa semejante con agua u otro líquido
d) deshacer algo dividiéndolo en partes pequeñas
e) remover de forma rápida y enérgica con movimientos circulares para mezclar una sustancia.
f) deformar una cosa por presión o golpe, aplanándola o disminuyendo su grueso

Ejercicio 3:

Vocabulario. Füllen Sie die Lücken mit den passenden Wörtern!

arepas **batidora** **desayunar** **rellenos** **varilla** **pica**
machacan **carne desmenuzada**

- Para hacer las **1.** .... hay que hacer una masa con harina de maíz, sal y agua. La **2.** .... se hace con ternera, cebolla, ajos y pimiento.

- La verdura se **3.** .... y los ajos se **4.** ....

- Lo mejor para hacer la masa es utilizar una **5.** .... para que no se formen grumos. Pero si no se dispone de ninguna, también sirve una **6.** ....

- Las arepas se pueden hacer con muchos **7.** .... diferentes: carne mechada, pollo, jamón y queso... Y se comen tanto al mediodía como para **8.** ....

Ejercicio 4:

Comprensión. Bringen Sie den Rezeptausschnitt in die richtige Reihenfolge!

a) Cocer la verdura con la carne.

b) Desmenuzar la carne.

c) Rellenar las arepas con la carne desmenuzada.

d) Picar la verdura y machacar los ajos.

e) Hacer las arepas.

f) Batir la salsa restante de la olla.

1	2	3	4	5	6

Quesadillas mexicanas

Die *quesadillas* sind ein typisches Gericht aus Mexico. Es besteht aus den bekannten *tortillas* (Fladenbrot) - die man in Supermärkten relativ einfach finden kann -, und den unterschiedlichen Füllungen. Im Folgenden wird eine Variante der sogenannten *sincronizadas* mit Hähnchen und Gemüse vorgestellt.

Preparación: 40 minutos **Para 6 personas**

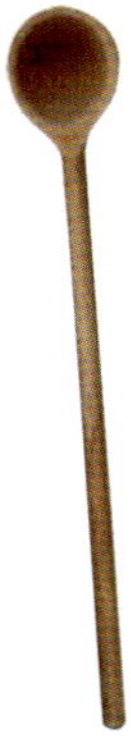

Ingredientes:

- 12 tortillas de harina o de maíz
- queso Oaxaca u otro tipo

Para el relleno:

- 200 g de cebolla cortada en cuadraditos
- 2 cucharaditas de cilantro picado
- 2 dientes de ajo picados
- ½ taza de pimiento verde cortado en cuadraditos
- ½ taza de pimiento rojo cortado en cuadraditos
- 250 g de pollo cocido cortado en cuadraditos
- ½ cucharadita de ají de color o pimentón
- ¼ cucharadita de comino en polvo
- ¼ cucharadita de chile rojo
- 1½ cucharadita de sal

1 Para el relleno: poner a calentar una sartén con un poco de aceite y saltear la cebolla con los ajos. Añadir el pimiento verde y rojo y cocinarlo todo durante unos minutos. A continuación, añadir el pollo, el pimentón, el comino, el chile y la sal.

2 Cuando los ingredientes ya casi estén listos, añadir el cilantro, mover un poco y retirar el relleno de la sartén.

3 Poner una tortilla de maíz en la sartén sin grasa, cubrir la superficie con un poco de relleno y poner queso por encima. Cubrirla con otra tortilla.

4 Cuando la tortilla de abajo esté un poco tostada y el queso empiece a derretirse, se le da la vuelta (lo mejor es ayudarse de un plato llano).

5 Dejar que se tueste un poco la tortilla de abajo y retirar la quesadilla de la sartén cuando el queso se haya derretido y el relleno esté caliente.

6 Cortar la quesadilla en triángulos y servir. Se puede acompañar con ensalada, guacamole, salsa picante o crema amarga.

ají *m Lat* de color o pimentón *m*	Paprika (gemahlen)
chile *m* rojo	Cayennepfeffer
cilantro *m* picado	gehackter Koriander
comino *m* en polvo	Kümmel (gemahlen)
cortar en cuadraditos	in kleine Würfel schneiden
cortar en triángulos	*hier:* vierteln
crema *f* amarga	Sauerrahm
cubrir	bedecken
cucharadita *f*	Teelöffel
derretir *irr*	schmelzen
listo	fertig
plato *m* llano	flacher Teller
relleno *m*	Füllung
retirar de la sartén	aus der Pfanne nehmen
saltear	leicht anbraten
sin grasa	ohne Fett
tortilla *f* de harina o de maíz	Fladenbrot aus Weizen- oder Maismehl

Ejercicio 1:

Definiciones. Ordnen Sie den Begriffen die passende Definition zu!

1. ☐ cortar en triángulos
2. ☐ derretir
3. ☐ listo
4. ☐ sartén
5. ☐ cucharadita
6. ☐ tostar

a) preparado, hecho, en su punto
b) porción de un alimento que cabe en una cucharilla de café
c) cortar en cuatro partes iguales
d) poner algo en una sartén o tostador para que lentamente se le introduzca el calor y se vaya desecando, sin quemarse, hasta que tome color
e) recipiente de cocina, generalmente de metal, de forma circular que sirve para guisar
f) algo sólido, congelado o pastoso se deshace por el efecto del calor

Ejercicio 2:

Comprensión. Welche Sätze sind inhaltlich falsch? Kreuzen Sie an!

1. Para hacer las "sincronizadas" se utiliza una sola tortilla. ☐
2. Las tortillas se tuestan en una sartén con aceite. ☐
3. El relleno de las quesadillas lleva comino. ☐
4. Se aconseja utilizar un plato para darle la vuelta a las quesadillas. ☐
5. El cilantro es lo último que se añade para el relleno. ☐
6. Las quesadillas se sirven cortadas en cuadraditos. ☐

Postres

Nach einem guten Essen in Spanien darf selbstverständlich auch der Nachtisch nicht fehlen. Die sogenannten *postres* sind meist einfach zuzubereiten und bei Kindern und Gästen gleichermaßen beliebt. Überraschen auch Sie Ihre Familie mit einem neuen köstlichen Rezept!

Turrón de almendras

Der *turrón de almendras* ist ein typisches spanisches Weihnachtsdessert aus Mandeln, Honig, Zucker und Eiweiß. Es wird meist zu rechteckigen länglichen Tafeln verarbeitet. Andere mögliche Zutaten für den *turrón* sind Schokolade, Erdnüsse, kandierte Früchte, Kokosnuss... Im Folgenden wird eine der traditionellsten Sorten vorgestellt, der sogenannte „harte *turrón*“ aus Alicante.

Preparación: 1 día **Para un molde de 16 x 12 cm o similar**

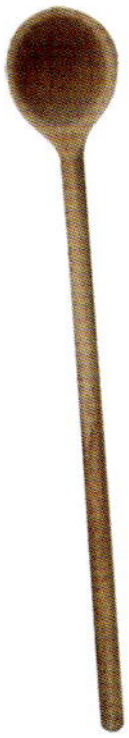

Ingredientes:

- 250 g de almendra cruda (se puede echar más)
- 150 g de miel
- 150 g de azúcar
- 1 clara de huevo
- 2 obleas

1 Tostar las almendras en el horno o en una sartén sin grasa, moviéndolas con una cuchara de madera para que se doren homogéneamente. Retirarlas cuando estén doradas.

2 Mezclar en una olla el azúcar con la miel y remover a fuego lento. Mientras tanto, montar la clara con una varilla sin que quede demasiado firme.

3 Cuando la mezcla de azúcar y miel empiece a burbujear, la dejaremos cocer unos minutos más y la retiraremos del fuego.

4 Añadir lentamente la clara montada a la mezcla y removerla de forma ligera para que no cuaje. Volver a poner la olla en el fuego y proseguir la cocción a fuego lento.

5 Remover la mezcla hasta que adquiera la textura del caramelo. Entonces, añadir las almendras y mezclarlo todo bien.

6 Retirar la mezcla del fuego, dejar entibiar unos minutos y verter en el molde que se habrá cubierto con una oblea previamente. Alisar la superficie, poner otra oblea por encima y dejar enfriar durante un día.

alisar	glätten
almendra *f* cruda	rohe Mandel
burbujear	sprudeln
clara *f* de huevo	Eiweiß
cuajar	fest werden
cubrir	*hier:* auffüllen, bedecken
cuchara *f* de madera	Holzlöffel
dorar homogéneamente	einheitlich anbräunen
entibiar	abkühlen
mezclar	mischen
molde *m*	Backform
montar	steif schlagen
oblea *f*	Oblate
previamente	vorher
quedar firme	fest werden
remover *irr* de forma ligera	flott umrühren
retirar	entfernen
varilla *f*	Schneebesen
verter *irr*	schütten, eingießen

Ejercicio 1:

Crucigrama. Lösen Sie das Kreuzworträtsel!

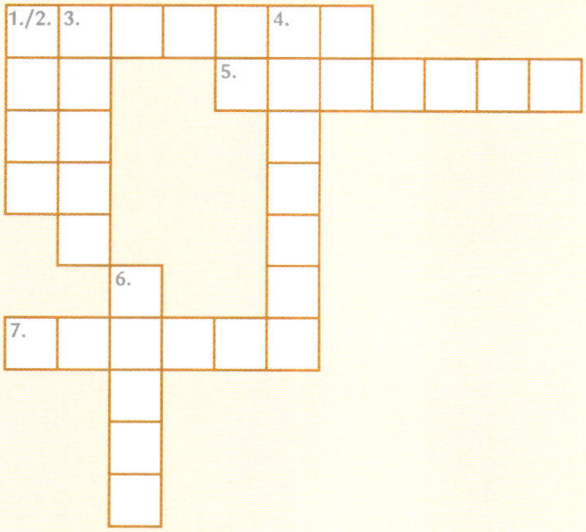

Ejercicio 2:

Imperativo formal. Formulieren Sie die Sätze im Imperativ der Höflichkeitsform!

Beispiel: Pelar las almendras y verterlas en un molde.

Pele las almendras y viértalas en un molde.

1. Tostar las almendras en el horno o en una sartén.

....

2. Mezclar en una olla el azúcar con la miel y removerlo a fuego lento.

....

3. Dejar cocer la mezcla unos minutos más y retirarla del fuego.

....

4. Añadir lentamente la clara montada y remover de forma ligera.

....

Ejercicio 3:

Sinónimos. Ordnen Sie den Begriffen ihr passendes Synonym zu!

1. ☐ entibiar
2. ☐ verter
3. ☐ retirar
4. ☐ burbujear
5. ☐ meter
6. ☐ previamente
7. ☐ alisar
8. ☐ dorar

a) echar
b) tostar
c) introducir
d) antes
e) enfriar
f) hervir
g) igualar
h) quitar

¿SABÍA QUE...

*...el **imperativo** también se usa a menudo en el **lenguaje de las recetas**? Se usa tanto el **imperativo informal** (tú): lava las zanahorias, como el **imperativo formal** (usted): lave las zanahorias. Si quiere saber qué otras formas verbales se utilizan, consulte la receta de las "albóndigas en salsa de tomate".*

Ejercicio 4:

Verbos. Unterstreichen Sie die passende Verbform!

1. La semana pasada tuve visita y les sorprendí / sorprendía ofreciéndoles un rico turrón de almendras.
2. Mi familia se presentó por sorpresa en casa y como no supe / sabía qué cocinar, pedimos / pedíamos sushi por teléfono.
3. No sé si la semana que viene podré / puedo ir al cine, ¿por qué no iremos / vamos hoy?
4. ¿Crees que a mi hermana le gusta / gustaría este collar? Quizás se lo compre...
5. No creo que Ana viene / venga a mi fiesta.
6. ¿Te gusta / gustan los caramelos de jengibre? ¡A mí me encantan!

Flan de huevo

Der *flan de huevo* ist ein traditionelles spanisches Dessert. Es ist sehr günstig und die Zubereitung ist einfach. Man nennt ihn auch *flan casero* (hausgemachter Pudding), da er sehr häufig zu Hause gemacht wird. Die spanischen Großmütter bereiten ihn gerne für ihre Enkelkinder zu!

Preparación: ½ hora **Cocción:** 1 hora **Para 6 personas**

Ingredientes:

Caramelo para los moldes:
- 3 cucharadas soperas de azúcar
- 2 cucharadas soperas de agua

Flan:
- ¾ l de leche
- 200 g (o 8 cucharadas soperas) de azúcar
- 8 huevos
- un pellizco de vainilla o una barra de vainilla

1 Primero se elabora el caramelo. Para hacerlo se echa azúcar en un cazo y luego agua; entonces lo calentamos todo junto a fuego medio hasta que se derrita el azúcar. Cuando el caramelo tenga un bonito color dorado, se vierte rápidamente en los moldes, cubriendo todas las paredes de los mismos.

2 Para elaborar el flan en sí, se hierve en un cazo la leche con la vainilla, en polvo o en barrita. Mientras tanto se enciende el horno para que se caliente.

3 Se cascan seis huevos y se separan las claras de las yemas. En una ensaladera se ponen dos huevos enteros y seis yemas, y se baten con el azúcar hasta que este se disuelve. Entonces, se echa poco a poco la leche caliente en la ensaladera y se remueve con una cuchara de madera. A continuación, se vierte la mezcla en los moldes caramelizados.

4 Se tapan los moldes de los flanes con papel de aluminio. Aparte se llena una bandeja de agua. Se colocan los moldes dentro de la bandeja, de modo que la mitad de su superficie quede dentro del agua. Se mete la bandeja en el horno, ya caliente, y se dejan cocer los flanes al baño María unos 50 minutos.

5 Cuando los flanes estén listos, se sacan del horno y se dejan enfriar antes de meterlos en el frigorífico.

barra *f* de vainilla	Vanillestange	derretir *irr*	schmelzen
batir	schlagen	disolver *irr*	auflösen
cascar	aufschlagen	ensaladera *f*	Salatschüssel
clara *f*	*hier:* Eiweiß	molde *m*	Backform
cocer *irr* al baño María	im Wasserbad kochen	pellizco *m*	Prise
color *m* dorado	goldene Farbe	tapar	bedecken
cubrir	bedecken	verter *irr*	schütten, eingießen
cucharada *f* sopera	Esslöffel	yema *f*	Eigelb

Ejercicio 1:

Palabra escondida. Übersetzen und enträtseln Sie das Lösungswort!

1. Koch □ _ _ _ _ _ _ _
2. Kellner _ □ _ _ _ _ _ _
3. Bedienung _ _ □ _ _ _ _ _
4. Küche _ _ _ _ _ □
5. Tischdecke □ _ _ _ _ _
6. Dessert _ _ _ _ _ □
7. Backform _ _ □ _ _
8. Topf (mit Stiel) _ _ _ □

Lösung: □ □ □ □ □ □ □ □

Ejercicio 2:

Gramática. Welcher Satz ist korrekt? Kreuzen Sie an!

1. a) Se vierte el caramelo en un molde, cubriendo todas las paredes. ❑
   b) Se vierte el caramelo en un molde, cubiertas todas las paredes. ❑
2. a) No puedo verter el azúcar todavía. El azúcar no se ha disolvido. ❑
   b) No puedo verter el azúcar todavía. El azúcar no se ha disuelto. ❑
3. a) Se tapa el molde con papel de aluminio para que no se moje el flan. ❑
   b) Se tapa el molde en papel de aluminio para que no se moje el flan. ❑
4. a) Para hacer el flan, se pone hervir la leche con la vainilla. ❑
   b) Para hacer el flan, se pone a hervir la leche con la vainilla. ❑
5. a) Antes de sacarlo, comprueba cuando el flan está listo. ❑
   b) Antes de sacarlo, comprueba si el flan está listo. ❑

Ejercicio 3:

Vocabulario. Bringen Sie die Buchstaben in die richtige Reihenfolge!

1. l h o e a d ....
2. e d l o m ....
3. i t e d r r e r ....
4. l v a a l i i n ....
5. r a ú z a c ....
6. l c a a e n ....

Ejercicio 4:

Posesivos. Ergänzen Sie den Text mit den Possessivpronomen und -begleiter!

Beispiel: No encuentro .... llaves. No encuentro mis llaves.

mis tuyos tu Sus la nuestra vuestra su

1. Pedro, ¡qué foto tan bonita! ¿Es esta .... novia Ana? No la reconozco...
2. No, no. Esta es Sara, ... prima. Aquel día estuvimos de excursión en Toledo.
3. Y estos de aquí, ¿son amigos .... también?
4. No, estos son los padres de Ana.
5. ¿ .... padres? ¡Si parecen muy jóvenes!
6. Sí es verdad, ... padres parecen mayores que los suyos, sin embargo, tienen la misma edad.
7. ¿Y esta casa es ....?
8. No, esta es la casa de los padres de Ana. Mira, esta es ....; es distinta y además, está en otro barrio.

Churros

Die *churros* sind in Spanien ein typisches Sonntagsfrühstück, vor allem in Winter. Sie passen auch nachmittags wunderbar zu einer Tasse Kaffee oder zu heißer Schokolade. Probieren Sie dieses Rezept, wenn Sie ihre Familie oder Freunde mit etwas Besonderem überraschen wollen!

Preparación: 10 minutos **Cocción:** 15 minutos **Para 4 personas**

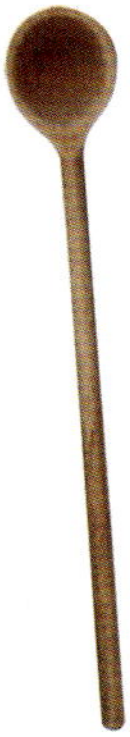

Ingredientes:

Para la masa de los churros:

- ½ l de agua
- 1 cucharada sopera de aceite de oliva
- 1 cucharada sopera de leche
- 5 g de sal
- 250 g de harina
- abundante aceite para freír (de oliva o girasol)
- azúcar glas

Para el chocolate a la taza (opcional):

- 400 g de chocolate amargo
- 1l de leche

1 Calentamos en un cazo el agua, el aceite, la leche y la sal.

2 Cuando la mezcla rompa a hervir añadimos la harina, retiramos el cazo del fuego y lo movemos enérgicamente hasta que la masa se desprenda de las paredes. Dejamos que la masa se temple y la metemos en la manga pastelera.

3 Ponemos a calentar el aceite en una cacerola ancha. Vamos formando los churros en forma de estrella con la manga pastelera, los cortamos con un cuchillo y los freímos por tandas en el aceite. El aceite tiene que estar lo suficientemente caliente para que se fría bien la masa.

4 Sacamos los churros cuando estén dorados y los ponemos en un plato cubierto con papel de cocina. Espolvoreamos el azúcar por encima y ¡ya están listos!

5 El chocolate a la taza es el acompañamiento habitual de los churros. Para elaborar el chococolate, ponemos a hervir la leche en un cazo y añadimos el chocolate troceado. Removemos el líquido continuamente hasta que empiece a hervir, y lo retiramos del fuego. Cuando deje de burbujear lo ponemos en el fuego para que hierva de nuevo. Repetimos este proceso hasta que el chocolate esté completamente disuelto y tenga una textura ligera.

abundante	sehr viel, reichlich
azúcar *m* glas	Puderzucker
burbujear	sprudeln
cacerola *f* ancha	breite Kasserolle
cucharada *f* sopera	Esslöffel
desprender	ablösen
disuelto	aufgelöst
dorado	*hier:* gebräunt
espolvorear	bestäuben
girasol *m*	Sonnenblume
listo	fertig
manga *f* pastelera	Spritzbeutel
masa *f*	Teig
mezcla *f*	Mischung
mover *irr* enérgicamente	schnell rühren
papel *m* de cocina	Küchentücher
por tandas	nach und nach
retirar del fuego	vom Herd entfernen
romper a hervir	aufkochen
templarse	abkühlen
troceado	zerstückelt

Ejercicio 1:

Vocabulario. Ordnen Sie den Tätigkeiten ihre jeweiligen Gegenstände zu!

1. ☐ tostar	a) cuchillo, tijeras
2. ☐ freír	b) varilla, batidora
3. ☐ escurrir	c) rallador
4. ☐ montar, batir	d) tostador, sartén
5. ☐ rallar	e) escurridor
6. ☐ cocer	f) mortero
7. ☐ cortar	g) olla, cazo, cazuela
8. ☐ machacar	h) sartén, freidora

Ejercicio 2:

Gramática. Welche Sätze sind grammatikalisch falsch? Kreuzen Sie an!

1. ¿Ha roto el agua de hervir? ☐
2. Ahora mismo no tengo ganas de comer. ☐
3. ¿Tenemos todo lo que nos hace falta para hacer los churros? ☐
4. ¿Has puesto calentar el horno? ☐
5. ¿Qué hora comemos con tu familia? ☐
6. ¿Quieres algo de postre? ☐
7. ¿Qué me recomienda de primer plato? ☐
8. ¿Porque no vienes a cenar mañana? ☐

Apéndice

Soluciones

Gambas al ajillo

Ejercicio 1: **1.** cazo **2.** olla **3.** cuchillo **4.** batidora **5.** ensaladera **6.** cuchara **7.** sartén
Lösung: cocinar

Ejercicio 2: **1.** pelará, pelaría **2.** cortará, cortaría **3.** espolvoreará, espolvorearía **4.** servirá, serviría, **5.** pondrá a calentar, pondría a calentar **6.** se hará, se haría **7.** acompañará, acompañaría, **8.** adquirirá, adquiriría.

Ejercicio 3: **1.** en **2.** por **3.** a **4.** a **5.** en **6.** hasta **7.** con

Ejercicio 4: **1.** Se dejan las gambas en el fuego hasta que empiecen a adquirir color. **2.** El fuego tiene que ser bajo para que el ajo no se queme. **3.** Si ha optado por gambas congeladas, tiene que descongelarlas muy bien.

Ensaladilla rusa

Ejercicio 1: 1. ¿Por qué no te gusta esta variante? **2.** Se pueden añadir aceitunas para acompañar. **3.** Cocer las patatas en una olla con sal. **4.** ¿Cuánto tiempo hace que no comes ensaladilla? **5.** ¿Qué ingredientes lleva esta receta tan rica?

Ejercicio 2: **1.** más bonito **2.** más fresco **3.** menor **4.** peor **5.** más alto **6.** mejor

Ejercicio 3: **1.** chafar **2.** decorar **3.** espolvorear **4.** retirar **5.** mezclar **6.** reservar

Ejercicio 4: **1.** La he pagado con tarjeta. **2.** Me gustan más las rojas que las verdes. **3.** No lo sé. **4.** Jose, ¿te las compro? **5.** ¿La has invitado a comer?

Boquerones en vinagre

Ejercicio 1: **1.** d **2.** c **3.** e **4.** f **5.** b **6.** a

Ejercicio 2: **1.** correctamente **2.** vez **3.** ...ir a comer... **4.** Sé **5.** ti **6.** conozco

Ejercicio 3: **1.** descongelando **2.** diciendo **3.** adquiriendo **4.** leyendo **5.** escurriendo **6.** durmiendo

Ejercicio 4: **1.** estaba, llegó **2.** hemos comido, comisteis **3.** hemos hecho, tenían **4.** había **5.** olvidó

Croquetas de jamón

Ejercicio 1: **1.** Es un plato muy fácil de hacer. **2.** ¿Qué pasos hay que seguir para cocinar esta receta? **3.** ¿Me das la receta de las croquetas? **4.** ¿Para qué hora quieren reservar la mesa? **5.** ¿Dónde está el supermercado más cercano? **6.** ¿Queda leche en el frigorífico o hay que comprar?

Ejercicio 2: **1.** están **2.** es **3.** está, Está **4.** está **5.** es, Es

Ejercicio 3: **1.** Con aceite o con mantequilla. **2.** Se necesita la cantidad suficiente para cubrirlas. **3.** No, hay muchos rellenos diferentes: pescado, pollo, espinacas... **4.** Para que la forma quede mejor. **5.** Se pueden comer como tapa o al mediodía junto con una ensalada.

Ejercicio 4: **1.** a **2.** b **3.** b **4.** b **5.** a

Surtido de embutidos ibéricos

Ejercicio 1:

1. E	M	B	U	2. T	I	D	O	S			
			3. S	A	L	C	H	I	4. C	H	A
				P					O		
5. F	R	U	T	A	S				M		
				S					E		
									N		
									S		
					6. A	R	O	M	A		
									L		

Ejercicio 2: **1.** despierto **2.** levantarme **3.** me ducho **4.** desayuno **5.** leo **6.** empiezo **7.** cocino **8.** viendo

Gazpacho

Ejercicio 1:

V	I	N	A	G	R	E	O	R	N	A	P
S	K	J	F	A	C	E	I	T	E	Ñ	P
E	T	H	W	A	S	E	B	U	Z	Q	L
S	Z	O	N	I	C	E	B	O	L	L	A
I	P	K	M	U	R	O	W	T	A	E	O
M	O	I	U	A	C	A	S	I	O	O	N
A	P	L	N	Ñ	T	F	I	X	I	A	I
A	K	I	P	Y	Q	E	T	P	R	V	P
J	S	M	O	Z	G	N	D	Ñ	P	O	E
O	A	O	T	N	E	I	M	I	P	O	P

Ejercicio 2: **1.** c **2.** f **3.** a **4.** e **5.** b **6.** d
Ejercicio 3: **1.** se lavan los tomates **2.** se pela la cebolla **3.** se corta el pimiento **4.** se baten los ingredientes **5.** se añade agua fría **6.** se sirve el pan aparte
Ejercicio 4: **1.** Man entfernt die Kerne der Tomaten, damit die *gazpacho* dünner wird. **2.** Man gibt Wasser dazu, damit die *gazpacho* nicht zu dick wird. **3.** Als Beilage serviert man separat das Gemüse, in kleine Stücke geschnitten.

Almejas a la marinera

Ejercicio 1: **1.** Dejar en remojo las almejas en un recipiente. **2.** Dorar la cebolla hasta que esté transparente. **3.** Hacer a fuego lento las verduras.**4.** No dejar que la harina forme grumos. **5.** Hervir las almejas para que se abran.
Ejercicio 2: **1.** El cocinero tapó el recipiente con un paño mojado. **2.** ¿Por qué no dejaste las almejas en remojo? **3.** ¿Hicisteis las verduras a fuego lento? **4.** ¡Qué suerte! ¡No tuvimos que picar las verduras! **5.** No quise añadir pimentón porque no me gusta.
Ejercicio 3: **1.** b **2.** a **3.** a **4.** a
Ejercicio 4: **1.** c **2.** e **3.** a **4.** b **5.** f **6.** d

Sopa castellana

Ejercicio 1: **1.** b **2.** a **3.** a **4.** b **5.** a **6.** a
Ejercicio 2: **1.** pelé **2.** tenía **3.** puse **4.** añadí **5.** di **6.** rehogué **7.** funcionaba **8.** tosté

Paella

Ejercicio 1: **1.** Para hacer un caldo de pescado. **2.** Unos 20 minutos aproximadamente. **3.** Se mueve por las asas. **4.** Cuando el arroz esté/está tierno y el caldo se haya consumido.
Ejercicio 2: **1.** fuego **2.** reposar **3.** comensales **4.** largo **5.** sabor **6.** ingredientes
Ejercicio 3: **1.** lo **2.** tuyos **3.** dímelo **4.** tú **5.** le **6.** los
Ejercicio 4: **1.** falsch (la paella se cocina en toda España y otros países) **2.** falsch (se aconseja no usar arroz de grano largo) **3.** richtig **4.** falsch (se deja reposar durante 5 minutos) **5.** falsch (algunas variedades solo llevan carne y verdura) **6.** falsch (hay gente a la que no le gusta con limón).

Tortilla de patatas

Ejercicio 1: **1.** tapadera **2.** ensaladera **3.** chorrito **4.** cucharada **5.** sartén **6.** tortilla **7.** jugoso.
Ejercicio 2: **1.** a **2.** a **3.** a **4.** b
Ejercicio 3: **1.** tomates pelados **2.** pimiento frito **3.** cebollas cortadas **4.** cebollas y patatas añadidas **5.** patatas y huevos mezclados **6.** tortilla movida
Ejercicio 4: **1.** fríen **2.** aparta, escurre **3.** baten **4.** mezcla **5.** dorada, introduce

Cocido madrileño

Ejercicio 1: **1.** e **2.** b **3.** d **4.** a **5.** f **6.** c
Ejercicio 2: **1.** b **2.** f **3.** a **4.** e **5.** c **6.** g **7.** d
Ejercicio 3: **1.** lentamente, bien **2.** pequeños, aparte, previamente **3.** buen, rica **4.** pesado
Ejercicio 4: **1.** tuviésemos **2.** haya **3.** estén **4.** sea **5.** vayamos

Calamares fritos

Ejercicio 1: **1.** cubano, cubana **2.** francés, francesa **3.** estadounidense, **4.** alemán, alemana **5.** belga, belga **6.** marroquí **7.** turco, turca
Ejercicio 2: **1.** Enrique tuvo el accidente porque no lo vio. **2.** ¿Me das su número de teléfono? **3.** ¡Cómpramelos, por favor! **4.** Le vendí la casa.
Ejercicio 3: **1.** freidora **2.** amargo **3.** olor **4.** redondel **5.** limón **6.** naranja **7.** aliñar **8.** Rioja
Ejercicio 4: **1.** d **2.** f **3.** a **4.** b **5.** e **6.** c

Cordero al horno

Ejercicio 1: **1.** huevos **2.** lubina **3.** escurrir **4.** tabla **5.** legumbres
Ejercicio 2: **1.** sigue **2.** iré, sepa **3.** hizo **4.** estuvieron **5.** vais **6.** quieres **7.** gustaría **8.** llegue
Ejercicio 3: **1.** ¿Quién es el jefe de cocina? **2.** ¿Para qué sirve este utensilio? **3.** ¿A qué hora y dónde podemos quedar esta tarde? **4.** ¿De qué país es Toni? **5.** ¿Con quién vas a quedar esta tarde?
6. ¿Cuánto dinero te debo?
Ejercicio 4: **1.** Als erstes muss man den Ofen auf 180 °C vorheizen. **2.** Es gibt viele Arten, den „majado" zu machen. **3.** Kochexperten empfehlen, ein qualitativ hochwertiges Lamm zu kaufen. **4.** Der Weißwein verleiht dem Lamm einen sehr guten Geschmack.

Albóndigas en salsa de tomate

Ejercicio 1: **1.** se pica el perejil, picamos el perejil **2.** se van colocando las albóndigas en un plato, vamos colocando las albóndigas en un plato **3.** se vierte la salsa en la cazuela, vertemos la salsa en la cazuela **4.** se trocean los tomates, troceamos los tomates **5.** se baten los huevos, batimos los huevos **6.** se sirve el plato, servimos el plato
Ejercicio 2: **1.** estamos **2.** hay **3.** están **4.** es **5.** es **6.** está **7.** hemos
Ejercicio 3: **1.** champiñones **2.** pepinos **3.** judías **4.** patatas **5.** tomates **6.** ajos **7.** berenjenas **8.** pimientos
Ejercicio 4: **1.** u **2.** o **3.** ni, ni **4.** e, y **5.** sino, pero **6.** porque **7.** como **8.** es que

Ceviche peruano

Ejercicio 1:

P	G	N	I	J	E	N	G	I	B	R	E
S	K	U	F	A	C	C	I	T	E	Ñ	P
C	T	H	I	A	S	O	B	U	Z	Q	L
E	Z	O	N	N	C	R	U	O	V	L	U
B	P	K	M	U	D	V	W	T	O	J	A
O	R	T	N	A	L	I	C	I	O	O	N
L	P	L	Ó	Ñ	K	N	L	X	I	A	G
L	K	I	M	Y	Q	A	T	L	R	V	P
A	S	M	I	Z	G	N	D	Ñ	A	O	O
O	A	I	L	N	A	T	A	T	A	B	P

Ejercicio 2: **1.** a **2.** b **3.** b **4.** b
Ejercicio 3: **1.** triste, tristemente **2.** alegre, alegremente **3.** cómodo, cómodamente **4.** amable, amablemente **5.** duro, duramente
Ejercicio 4: **1.** Ayer hice ceviche peruano para el almuerzo. **2.** No sabía si vendría la clienta, así que me fui. **3.** Ayer no fui a trabajar porque me encontraba mal. **4.** Ayer preferí comer más tarde.

Arepas venezolanas

Ejercicio 1: **1.** cerveza **2.** va a tomar **3.** Sí **4.** De acuerdo **5.**qué **6.** pollo
Ejercicio 2: **1.** d **2.** a **3.** e **4.** f **5.**c **6.** b
Ejercicio 3: **1.** arepas **2.** carne desmenuzada **3.** pica **4.** machacan **5.**batidora **6.** varilla **7.**rellenos **8.** desayunar
Ejercicio 4: **1.** d **2.** a **3.** b **4.** f **5.**e **6.** c

Quesadillas mexicanas

Ejercicio 1: **1.** c **2.** f **3.** a **4.** e **5.** b **6.** d
Ejercicio 2: **1.** falsch **2.** falsch **3.** richtig **4.** richtig **5.** richtig **6.** falsch

Turrón de almendra

Ejercicio 1:

1./2. P	3. L	Á	T	A	4. N	O				
E	I			5. M	A	N	Z	A	N	A
R	M				R					
A	Ó				A					
	N				N					
		6. F			J					
7. C	E	R	E	Z	A					
		E								
		S								
		A								

Ejercicio 2: **1.** Tueste las almendras en el horno o en una sartén. **2.** Mezcle en una olla el azúcar con la miel y remuévalo a fuego lento. **3.** Deje cocer la mezcla unos minutos más y retírela del fuego. **4.** Añada lentamente la clara montada y remueva de forma ligera.

Ejercicio 3: **1.** e **2.** a **3.** h **4.** f **5.** c **6.** d **7.** g **8.** b

Ejercicio 4: **1.** sorprendí **2.** sabía, pedimos **3.** podré, vamos **4.** gustaría **5.** venga **6.** gustan

Flan de huevo

Ejercicio 1: **1.** cocinero **2.** camarero **3.** servicio **4.** cocina **5.** mantel **6.** postre **7.** molde **8.** cazo
Lösung: caramelo

Ejercicio 2: **1.** a **2.** b **3.** a **4.** b **5.** b

Ejercicio 3: **1.** helado **2.** molde **3.** derretir **4.** vainilla **5.** azúcar **6.** canela

Ejercicio 4: **1.** tu **2.** su **3.** tuyos **4.** Sus **5.** mis **6.** vuestra **7.** la nuestra

Churros

Ejercicio 1: **1.**d **2.** h **3.** e **4.** b **5.** c **6.** g **7.** a **8.** f

Ejercicio 2: **1.** falsch (¿Ha roto el agua a hervir?) **2.** richtig **3.** richtig **4.** falsch (¿Has puesto a calentar el horno?) **5.** falsch (¿A qué hora comemos con tu familia?) **6.** richtig **7.** richtig **8.** falsch (¿Por qué no vienes a cenar mañana?)

Glosario

m = maskulin
f = feminin
irr = unregelmäßig
pl = Plural
Lat = lateinamerikanisches Spanisch

A

a gusto	nach Belieben
a lo largo	längs
ablandarse	weich werden
abundante	sehr viel, reichlich
adquirir *irr* **color**	Farbe bekommen
agua *f* **tibia**	lauwarmes Wasser
ají *m Lat* **de color o pimentón** *m*	Paprika (gemahlen)
ají *m Lat* **picante o guindilla** *f*	Paprikaschote
albóndiga *f*	Fleischbällchen
aleta *f*	Flosse
aliñar	würzen, anmachen
alisar	glätten
almeja *f*	Venusmuschel
almendra *f* **cruda**	rohe Mandel
amasar	kneten
apartar	beiseitestellen
aparte	beiseite, separat
aplastar	plätten
asado *m*	Braten
azúcar *m* **glas**	Puderzucker

B

bandeja *f* **del horno**	Blech, Backblech
barra *f* **de vainilla**	Vanillestange
batata *f Lat*	Süßkartoffel
batidora *f*	Mixer
batir	*hier:* im Mixer zerkleinern
bechamel *f*	Béchamelsoße
bolsa *f* **de tinta**	Tintenbeutel
boquerón *m*	Sardelle
burbujear	sprudeln

C

cacerola *f* **ancha**	breite Kasserolle
calamar *m*	Tintenfisch
caldo *m* **de pescado**	Fischbrühe
caldo *m* **restante**	übrige Brühe
capa *f* **adicional**	zusätzliche Schicht
carne *f* **mechada**	zerfasertes Fleisch
cascar	aufschlagen
cáscara *f*	Schale
cazo *m*	Kochtopf
cazuela *f* **de barro**	Schmortopf aus Ton
cazuela *f*	Kasserolle
chicloso	gummiartig
chile *m* **rojo**	Cayennepfeffer
choclo *m Lat*	zarter Maiskolben
chorizo *m*	Paprikawurst
chorreón *m*	Schuss
chorreoncito/ chorrito *m*	kleiner Schuss
cilantro *m*	Koriander
cilantro *m* **picado**	gehackter Koriander
clara *f*	*hier:* Eiweiß
clara *f* **de huevo**	Eiweiß
cocer *irr* **al baño María**	im Wasserbad kochen
cola *f*	Schwanz
colar *irr*	sieben
colgar *irr*	hängen
color *m* **dorado**	goldene Farbe
combinar	passen, kombinieren
comensal *m/f*	Gast
comino *m* **en polvo**	Kümmel (gemahlen)
congelador *m*	Gefrierfach
conservar	(auf-)bewahren
consumido	*hier:* aufgesaugt
cordero *m* **lechal**	Milchlamm

cortar en cuadraditos	in kleine Würfel schneiden
cortar en juliana	in feine Streifen schneiden
cortar en láminas finas	in dünne Scheiben schneiden
cortar en tiritas	in kleine Streifen schneiden
cortar en triángulos	*hier:* vierteln
cortar en trozos	in Stücke schneiden
corvina *f*	Seebarsch
crema *f* **amarga**	Sauerrahm
crujiente	knusprig
cuadraditos *m pl*	kleine Würfel
cuajar	gerinnen; eindicken
cubitos *m pl* **de hielo**	Eiswürfel
cubrir	bedecken; auffüllen
cuchara *f* **de madera, cuchara** *f* **de palo**	Holzlöffel
cuchara *f* **sopera**	Esslöffel (Besteck)
cucharada *f* **sopera**	Esslöffel (Menge)
cucharada *f*	gehäufter Esslöffel
cucharadita *f*	Teelöffel
cuenco *m* **de barro**	Tontopf

D

dar *irr* **la vuelta**	wenden
dar *irr* **unas vueltas**	ein paar Mal wenden
dejar en remojo	einweichen lassen
dejar flotar	*hier:* schwimmen lassen
dejar hervir	kochen lassen
dejar reposar	ziehen lassen, ruhen lassen
derretir *irr*	schmelzen
descongelar	auftauen
desmenuzar en tiras finas	in dünnen Streifen zerfasern, zerrupfen
despiezar	zerlegen
desprender	ablösen
diente *m* **de ajo**	Knoblauchzehe
disolver *irr*	auflösen
disponer *irr* **a modo de decoración**	als Deko vorbereiten
disuelto	aufgelöst
dorado	*hier:* gebräunt
dorar a fuego medio	bei mittlerer Hitze bräunen
dorar al horno	goldbraun backen
dorar homogéneamente	einheitlich anbräunen
dorar	anbräunen; bräunen
dorarse	braun werden

E

echar	hinzufügen
embutido *m*	Wurstware
en su defecto	bei Nichtvorhandensein
ensaladera *f*	Salatschüssel
entibiar	abkühlen
escama *f*	Schuppe
escurrir	abtropfen
espesar	binden
espeso	dick, dickflüssig
espina *f* **central**	Gräte
espina *f* **dorsal**	Rückgrat
espolvorear	bestäuben
estar *irr* **hecho**	gar sein

F

falda *f* **de ternera**	Rindfleisch (Brust), durchwachsen
formar grumos	Klumpen bilden
freidora *f*	Fritteuse
fuente *f* **plana**	Platte
fuente *f*	Schüssel

G

gajo *m*	Rippe, Segment
gambas *f pl* **blancas**	weiße Garnelen
garbanzos *m pl*	Kichererbsen
girasol *m*	Sonnenblume
grano *m* **largo**	langes Korn
grifo *m*	Wasserhahn
grumos *m pl*	Klumpen
guindilla *f*	getrocknete, rote Chilischote
guisantes *m pl*	Erbsen

H

hacer *irr* **a fuego lento**	bei schwacher Hitze kochen
hacerse *irr* **demasiado**	zu stark durchkochen
hebra *f* **de azafrán**	Safranfäden
hervir *irr*	kochen
hoja *f* **de laurel**	Lorbeerblatt
hueso *m* **de caña**	Rindermarksknochen
huevo *m* **batido**	geschlagenes Ei

I

incorporar	*hier:* dazugeben
ir *irr* **poniendo**	nach und nach dazugeben

J

jengibre *m*	Ingwer
jugoso	saftig

L

lámina *f*	Scheibe
láminas *f pl* **finas**	dünne Scheiben
laurel *m*	Lorbeer
levadura *f*	Backpulver
listo	fertig
lomo *m*	Rückenstück; Lende
loncha *f*	Scheibe

M

macerar	einlegen
machacado	zerstampft
machacar	zerdrücken
maduro	reif
majado *m*	Mischung aus dem Mörser
manga *f* **pastelera**	Spritzbeutel
mango *m*	Griff
masa *f* **resultante**	die entstandene Masse
masa *f*	Teig
mezcla *f*	Mischung
mezclar	mischen
miga *f* **de pan**	Brotstückchen, zerkrümeltes Brot
molde *m*	Backform
moldear	formen
molido	gemahlen
montar	steif schlagen
morcilla *f*	Blutwurst
morcillo *m* **(de ternera)**	Rinderbein
mortero *m*	Mörser
mover *irr* **enérgicamente**	schnell rühren

N

nuez *f* **moscada**	Muskatnuss

O

oblea *f*	Oblate
optar por algo	sich für etw. entscheiden

P

paellera *f*	(Paella-)Pfanne
pan *m* **rallado**	Semmelbrösel
paño *m*	Tuch
papel *m* **de cocina**	Küchentücher
pasapurés *m*	Passiersieb
pasar por	wenden
paté *m* **de hígado**	Leberpastete
pegarse	*hier:* anbrennen
pelado	geschält
pelar	schälen
pellizco *m*	Prise
perejil *m* **(picado)**	(gehackte) Petersilie
picado	gehackt
picar	hacken, in kleine Stücke schneiden
pimentón *m* **dulce**	Paprika edelsüß (gemahlen)
pimiento *m* **morrón (en conserva)**	eingelegte Paprikaschote
plato *m* **hondo**	tiefer Teller, Suppenteller
plato *m* **llano**	flacher Teller
poner *irr* **a calentar**	erhitzen
poner *irr* **a hervir**	zum Kochen bringen
poner *irr* **en remojo**	einweichen
por tandas	nach und nach

precalentar *irr* vorwärmen
precocido vorgekocht
previamente vorher
puñado *m* **de fideos** eine Handvoll Suppennudeln
puño *m* Faust
punta *f* **de jamón serrano** Serrano-Schinkenspitze

Q

quedar firme fest werden
quitar la cáscara die Schale entfernen
quitar la espuma den Schaum entfernen

R

rabillo *m* Stiel
rallar reiben
ramita *f* *hier:* Blatt
ramita *f* **de perejil** kleine Blätter Petersilie
rape *m* Seeteufel
rebanada *f* Brotscheibe
rebozar panieren
recipiente *m* Gefäß
redondel *m* Kringel
rehogar anbraten
relleno *m* Füllung
remojado eingeweicht
remover *irr* **de forma ligera** flott umrühren
repartirse sich verteilen
repollo *m* Weißkohl
reservar (aparte) aufbewahren, zur Seite legen
retirar entfernen; herausnehmen
retirar de la sartén aus der Pfanne nehmen
retirar del fuego vom Herd entfernen
rociar *hier:* beträufeln
rociar con caldo mit Brühe übergießen
romper a hervir aufkochen

S

sal *f* **gorda** grobkörniges Salz
salchichón *m* salamiähnliche Wurst
salpimentar mit Salz und Pfeffer würzen
saltear leicht anbraten
semilla *f* Kern
semillas *f pl* Samen
separar *hier:* abschöpfen
sin grasa ohne Fett
sofrito *m* Soße, die beim Anbraten von Zwiebeln in Olivenöl entsteht
soltar *irr* abgeben, verlieren
soltar *irr* **arena** Sand lösen
surtido *m* Sortiment, Warenauswahl

T

tamaño *m* Größe
tapadera *f* (Topf-)Deckel
tapado bedeckt
tapar abdecken; bedecken
tazón *m* Schale
temperatura *f* **ambiente** Zimmertemperatur
templarse abkühlen
tierno zart
tira *f* Streifen
tocino *m* **veteado** gemaserter Speck
tortilla *f* **de harina o de maíz** Fladenbrot aus Weizen- oder Maismehl
tostar *irr* anrösten
transversalmente schräg
trinchar tranchieren, schneiden
tripas *f pl* Gedärme
troceado gestückelt

V

varilla *f* Schneebesen
ventresca *f* Fischbauch
verter *irr* schütten, eingießen
vísceras *f pl* Innereien

Y

yema *f* Eigelb

Sprachen lernen mit Genuss

Lernen mit Genuss? Kein Problem! Dieses Buch verbindet die besten Backrezepte in der Landessprache mit abwechslungsreichen Sprachübungen. Die Anleitungen für Ensaimadas, Churros, Pastel de tres leches u. v. m. zeigen die Vielfalt der spanischen und lateinamerikanischen Köstlichkeiten aus Ofen und Pfanne helfen ganz nebenbei, die Spanischkenntnisse zu festigen. Ideal zum Ausprobieren und Nachbacken.

96 Seiten, vierfarbig, Broschur
ISBN 978-3-8174-9981-6
12,99 € (D), 13,40 € (A)

compact